Mein großes Buch der Zaubertricks

Dennis Patten

Mein großes Buch der Zaubertricks

Inhalt

Einleitung

Vorhang auf für Zauberlehrlinge!
Über 35 tolle Zauberkunststücke erwarten dich in
diesem Buch und viele praktische Tips für tolle Zauber-
vorstellungen. Darüber hinaus findest du genaue
Schritt-für-Schritt-Anleitungen zum Herstellen von
Zauberutensilien. Alle Kunststücke sind leicht zu erlernen und gehen von einfachen Münz- und Kartentricks
bis hin zu wirkungsvollen optischen Täuschungen.

**Sei vorsichtig,
wenn du mit
der scharfen
Schere
arbeitest!**

Bevor du anfängst

- Lies immer zuerst den ganzen Trick
  durch. Vielleicht brauchst du ja die
  Hilfe eines Erwachsenen.
- Lege vor der Vorstellung alle
  notwendigen Gegenstände bereit.
- Breite Zeitungspapier oder ein altes
  Laken über die Arbeitsfläche, wenn
  du mit Farben oder Klebstoff
  arbeitest.

Wenn du fertig bist

- Räume alle Bastelutensilien ordentlich
  weg. Verstaue die Stifte, Farben,
  Klebstoff usw. in Schachteln oder
  Keksdosen.
- Buch und Zubehör sollten versteckt
  aufbewahrt werden, damit keiner das
  Geheimnis der Kunststücke entdeckt.
  Gut eignet sich zum Beispiel ein
  großer Karton mit der Aufschrift
  "Streng geheim!"

Sicher ist sicher

Mit scharfen Gegenständen wie Scheren
oder Nadeln solltest du vorsichtig
umgehen. Die meisten Vorbereitungen in
diesem Buch kannst du selbständig
ausführen, aber manchmal ist es schon
besser, wenn dir ein Erwachsener hilft.
Achte auf den Hinweis SICHER IST
SICHER, den du überall dort
findest, wo Hilfe gefragt ist.

Woran du immer denken solltest:

- Laß Scheren niemals offen
  herumliegen, und achte darauf, daß
  kleinere Kinder sie nicht in die Hand
  bekommen.
- Stecke Nadeln und Heftzwecken nach
  Gebrauch in ein Nadelkissen oder ein
  Stück Stoff.

Lege vor dem Auftritt alle Dinge, die du brauchst, bereit, und räume sie nach der Show wieder weg!

Probe die Tricks einige Male vor dem Spiegel, bis du sie wirklich gut beherrschst!

Ausrüstung

Zu jedem Trick gehört eine Liste mit all den Dingen, die du brauchst. Vieles davon, wie etwa ein vollständiges Kartenspiel oder ein Seidentuch, wird irgendwo im Haus zu finden sein. Für einige Bastelarbeiten brauchst du Buntpapier, Stoff oder selbstklebende Folie. Dieses Material erhältst du im Bastelgeschäft, im Schreibwarenladen oder im Warenhaus.

Zaubersprüche

Kunststücke wirken vor versammeltem Publikum besser, wenn sie von geheimnisvollen Zaubersprüchen begleitet werden. Denk dir also am besten einige sonderbare Worte oder Formulierungen aus, und schreibe sie in ein Zauberbuch, damit du sie nicht vergißt. Sehr geheimnisvoll hören sich auch schwierige Wörter aus dem Lexikon an, oder du sprichst einfach einen langen Satz rückwärts – niemand wird an der Zauberkraft dieser Sprüche zweifeln!

Die Zaubervorstellung

Bevor die Vorstellung vor Publikum stattfinden kann, müssen die Kunst-stücke wirklich sitzen. Am besten probierst du die Tricks vor einem Spiegel, und danach solltest du sie erst einmal einem guten Freund vorspielen. Diese Probe erfolgt natürlich in voller Garderobe, das heißt, im Zauberkostüm. Am Ende des Buches findest du die Anleitungen für den Zaubermantel, den Zylinder und den Zauberstab zum Selberbasteln. Denke auch bei der Probe schon daran, daß du dich zu Beginn der Show dem Publikum vorstellen mußt, und kündige an, welche außergewöhnlichen Kunststücke du vollbringen wirst – aber ohne irgendein Geheimnis zu verraten! Danach müssen die Tricks nur noch gelingen, und dein Publikum wird begeistert sein!

An die Erwachsenen

Die Tricks in diesem Buch können Kinder größtenteils selbständig vorbereiten. Manchmal läßt sich dabei jedoch der Umgang mit Gefahrenquellen, wie zum Beispiel der scharfen Schere, nicht vermeiden. Ob Sie in diesen Fällen eingreifen müssen, hängt von der Geschicklichkeit Ihres Kindes ab.

Das Zauber-buch

Welche Zaubervorstellung könnte beginnen ohne den berühmten Zauberstab? Du wirst sehen, wie dein Publikum staunen wird, wenn du mir nichts dir nichts einen Zauberstab aus dem Zauberbuch ziehst! Es kann ja niemand ahnen, daß er die ganze Zeit in deinem Ärmel gesteckt hat! Übe diesen Trick einige Male vor dem Spiegel, damit alle Bewegungen auch wirklich klappen und niemand hinter dein Geheimnis kommt.

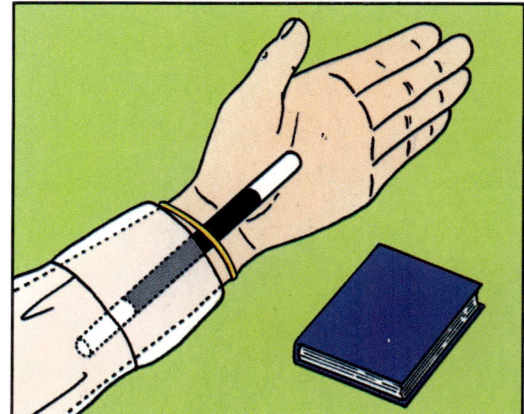

1 Vorbereitung: Schiebe zuerst den Zauberstab in deinen linken Ärmel und befestige ihn mit einem Gummi-band am Handgelenk. Das Band muß so fest sitzen, daß der Stab nicht von allein herausrutscht, aber nicht so fest, daß du den Stab nicht mehr herausziehen kannst.

2 Vorstellung: Halte das Buch, das du als dein Zauberbuch ausgibst, in der rechten Hand. Mit der linken Hand deutest du auf das Buch und teilst dem Publikum mit, daß du erst die richtige Zauberformel suchen mußt.

3 Jetzt nimmst du das Buch in die linke Hand, paß aber auf, daß deine Handbewegungen verdeckt bleiben. Dann schlägst du das Buch mit der rechten Hand auf und tust so, als ob du lesen würdest. Sage dem Publikum, daß da geschrieben steht, daß Zaubersprüche ohne Zauberstab überhaupt nicht wirksam werden!

4 Greife dann vorsichtig mit der rechten Hand nach dem Zauberstab in deinem Ärmel und ziehe ihn heraus. Nun ist dein Publikum von deinen Künsten überzeugt, denn soeben hast du dein wichtigstes Zauberwerkzeug selbst herbeigezaubert.

Was du brauchst
einen selbstgebastelten
Zauberstab
(siehe Seite 90)
ein Gummiband
ein Buch ohne Umschlag

Ring in der Schwebe

In dieser Anleitung stecken gleich zwei Kunststücke. Das erstaunte Publikum wird miterleben, wie sich ein Ring aus eigener Kraft den Zauberstab hinauf- und hinunterbewegt. Das Geheimnis: Ein ganz dünner Faden ist am Stab selbst sowie am Rock- oder Hosenbund des Zauberers befestigt. Wenn er straff gespannt wird, wandert der Ring den Zauberstab hinauf, läßt die Spannung nach, rutscht er hinunter. Auf die gleiche Art und Weise kannst du auch den Stab schweben lassen.

1 Vorbereitung: Schneide ein Stück dünnen Bindfaden ab, das so lang wie dein Arm ist. Knote ein Fadenende an einem Ende des Zauberstabes fest und binde das andere Fadenende an eine Sicherheitsnadel.

Was du brauchst

einen Zauberstab
(siehe Seite 90)
dünnen schwarzen
Bindfaden
eine kleine
Sicherheitsnadel
einen Ring

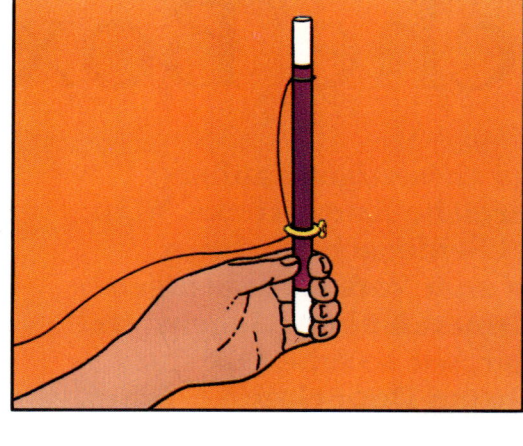

3 Vorstellung: Bitte jemanden aus dem Publikum, dir seinen Ring zu geben. Stell dich mit dem Gesicht zu den Zuschauern, so daß sie den Faden nicht von der Seite sehen können. Nimm den Zauberstab mit dem geknoteten Faden nach oben in die linke Hand und stecke den Ring auf den Stab und den Faden. Er fällt dann nach unten und nimmt den Faden dabei mit.

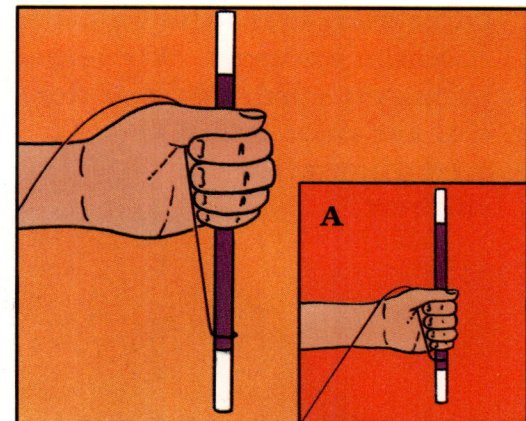

5 Du kannst auch den Stab selbst dazu bringen, daß er nach oben schwebt: Schiebe das verknotete Stabende von oben nach unten durch deine Faust hindurch und halte den Stab locker am oberen Ende. Strecke den Arm ganz aus (siehe Abbildung A), und der Stab bewegt sich in deiner Hand aufwärts!

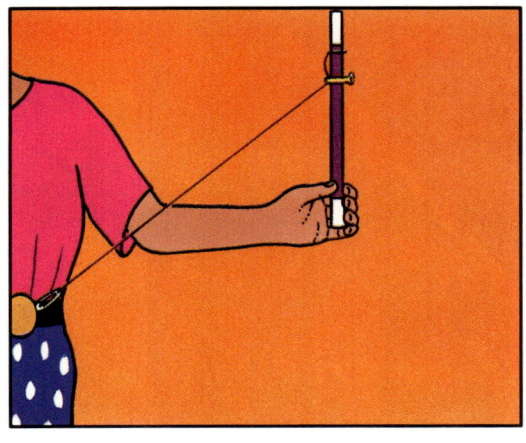

4 Strecke den Arm mit dem Zauberstab aus, so daß sich der Faden spannt, und schon wandert der Ring auf geheimnisvolle Weise den Stab hinauf.

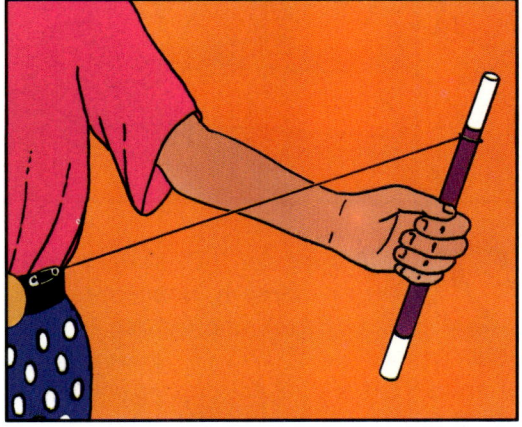

2 Befestige die Nadel innen an deinem Rock- oder Hosenbund und verstecke sie unter einem Gürtel oder in einer Stoffalte. Nimm den Zauberstab in deine linke Hand und strecke den Arm aus. Der Bindfaden hat die richtige Länge, wenn der Faden bei ausgestrecktem Arm straff gespannt ist.

Die magische Box

Die magische Box ist ein überaus vielseitiges Zauber-
instrument und ermöglicht zahlreiche Kunststücke. Man
kann Gegenstände, zum Beispiel Seidenschals, darin
verschwinden lassen und wieder zum Vorschein bringen.
Oder man verzaubert in ihrem Inneren einen Gegenstand
in einen anderen. Wir zeigen hier, wie so eine Box
gebastelt wird, und auf der nächsten Doppelseite erfährst
du, wie man damit
wirkungsvoll
zaubert.

1 Für die Seitenwände der Box
schneidest du vier Rechtecke
(10 x 18 cm) aus festem Pappkarton zu.

2 Die Klappe der Box entsteht aus
einem weiteren Kartonrechteck
(9,5 x 18 cm), und für den Boden
benötigst du ein 11 x 11 cm großes Stück
Karton. Dieses wird passend zurecht-
geschnitten, wenn du die Box zusammen-
geklebt hast.

Was du brauchst

festen Pappkarton
eine Schere
schwarze Plakafarbe
und einen Pinsel
Klebeband
Alleskleber
Geschenkpapier

4 Klebe die Box wie abgebildet mit Klebeband an den Längsseiten der Seitenteile zusammen. Achtung: Bemalte Seiten nach innen! Klebe eine schmale Seite der Klappe mit Klebeband auf die Mitte des Bodens, die andere schwingt in der Box frei vor und zurück.

5 Bestreiche den Rand des Bodens mit einem breiten Streifen Klebstoff, stülpe die Box so auf den Boden, daß die aufgeklebte Klappe genau in die Box hineinpaßt, und presse den Boden fest an die Box. Wenn der Klebstoff gut angetrocknet ist, schneidest du den Boden genau passend zurecht.

6 Befestige die Seitenwände zusätzlich von außen mit Klebeband am Boden und beklebe sie mit Geschenkpapier.

3 Male die Klappe auf beiden Seiten schwarz an und laß sie gut trocknen. Die Innenseiten der Seitenteile und der Boden werden ebenfalls schwarz angemalt. Die Farbe gut antrocknen lassen.

Tücher aus dem Nichts

Bei diesem effektvollen Kunststück kommt die magische Box gleich zum Einsatz. Zu Beginn zeigst du die leere Box herum, damit sich das Publikum davon überzeugen kann, daß sie absolut leer ist. Ein guter Zauberspruch bewirkt dann das schier Unmögliche: Aus der leeren Box kommt eine ganz Kette farbiger Seidentücher zum Vorschein.

1 Vorbereitung: Für diesen Trick knotest du drei Seidentücher aneinander. Lege sie wie abgebildet gefaltet in die Box, und verstecke sie unter der Klappe.

2 Vorstellung: Halte die Klappe mit den Fingern der rechten Hand fest verschlossen, wenn du den Zuschauern zeigst, daß die Box leer ist.

3 Tippe mit dem Zeigefinger der linken Hand von außen an den Boden und die Seitenwände der Box, um zu beweisen, daß sie wirklich leer ist.

14

Was du brauchst

eine magische Box
(siehe Seite 12)
3 Seidentücher

4 Nimm die Box in die linke Hand und stelle sie so vor dich hin, daß die Zuschauer nicht hineinsehen können. Laß die Klappe los, murmele ein paar Zauberformeln und ziehe mit Schwung die Seidentuchkette aus der Zauberbox!

Mit verbundenen Augen

Ein guter Zauberer muß auch ein guter Schauspieler sein. Wenn es dir gelingt, eine geheimnisvolle Atmosphäre zu schaffen, ist das Publikum nur zu gern bereit, an deine Zauberkräfte zu glauben. Bei diesem Trick kommt es darauf an, die Zuschauer davon zu überzeugen, daß du auch mit verbundenen Augen sehen kannst.

1 Vorstellung: Vor den Augen des Publikums faltest du eine Postkarte in drei gleich große Teile. Falte die Karte wieder auf und reiße sie an den Faltstellen auseinander.

Was du brauchst

eine Postkarte
3 Filzstifte
einen Zylinder
(siehe Seite 88)
ein Tuch

2 Wähle zwei Leute aus dem Publikum aus und gib ihnen jeweils ein Endstück der Karte und einen Filzstift. Bitte den einen, einen Stern auf das Kartenstück zu zeichnen, der zweite soll einen Halbmond auf seinen Streifen zeichnen. Das Mittelstück der Karte erhält ein dritter Zuschauer, der mit dem letzten Stift einen Vollmond aufmalen soll.

3 Bitte deine drei Freiwilligen, ihre Kartenstücke in den Zylinder zu legen. Dann läßt du dir von einem weiteren Zuschauer die Augen verbinden. Erkläre dem Publikum, daß du nun mit Hilfe deiner magischen Kräfte die Vollmondkarte aus dem Zylinder holen wirst.

4 Greife in den Zylinder und ertaste die Karte mit den zwei rauhen Kanten, also

das Mittelstück der Postkarte mit dem Vollmond. (Der Stern und der Halbmond haben beide jeweils eine rauhe und eine glatte Kante.) Konzentriere dich einen Moment, ziehe dann die Vollmondkarte heraus und zeige sie dem Publikum mit einer eleganten Verbeugung.

Der fliegende Kamm

Mit diesem lustigen Trick kann man eine Vorstellung prima eröffnen. Die Zuschauer bekommen einen ganz normalen Kamm in einem Etui gezeigt, wissen aber nicht, daß er mit einem Gummiband gespannt wird. Der Zauberer bittet das Publikum, ihm beim Countdown für den Kamm zu helfen: 10, 9, 8, 7, 6, 5, 4, 3, 2, 1, 0 – und pfffft! Der Griff um das Etui wird gelockert, und schon schießt der Kamm wie eine Rakete aus dem Etui!

Was du brauchst

einen Kamm
Pappe
ein Lineal
eine Schere
selbstklebende
    Kunststoffolie
eine Stricknadel
ein Gummiband,
    7 cm lang
doppelseitiges
    Klebeband

1 Vorbereitung: Falte die Pappe einmal in der Mitte und halte den Kamm an die Falte, um die Größe des Etuis festzulegen. Schneide die Pappe 2,5 cm breiter und 3,5 cm länger als den Kamm zu.

2 Mach am oberen Ende einen 3,5 cm langen Schnitt an der Falte entlang und biege die Pappe wie abgebildet zur Manschette nach unten. Beklebe die Pappe unterhalb der Manschette mit der Kunststoffolie und halte so die Seitenteile und den unteren Rand zusammen. Die Manschette bleibt frei!

3 Bitte einen Erwachsenen, dir zu helfen, wenn du mit einer Stricknadel oder der Scherenspitze ein Loch durch das Etui stichst, das unterhalb der Manschette und 2,5 cm von der Falte entfernt sitzt.

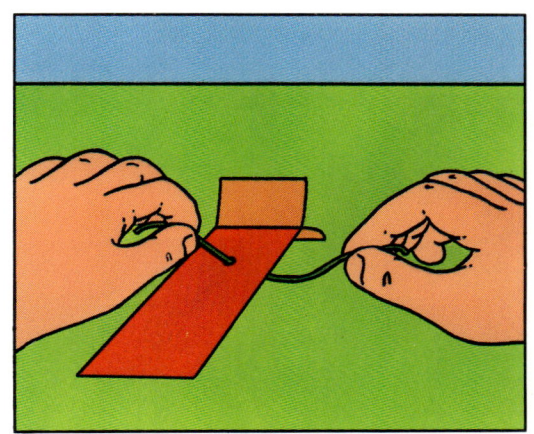

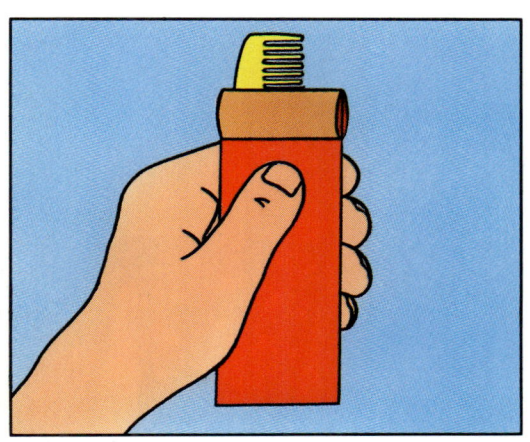

4 Schneide das Gummiband durch, fädle ein Ende durch das Loch auf der Vorderseite und ziehe es durch das rückwärtige Loch wieder heraus. Verknote die beiden Gummibandenden wieder. Biege die Manschette nach außen, um den Knoten zu verdecken, und befestige die Ränder mit doppelseitigem Klebeband.

5 Vorstellung: Stecke den Kamm so ins Etui, daß er das Gummiband nach unten drückt. Halte das Etui mit dem Kamm knapp unter der Manschette fest. Lockere den Griff, und schon schießt der Kamm heraus.

SICHER IST SICHER: *Bitte einen Erwachsenen, dir zu helfen, wenn du mit der Stricknadel oder der Scherenspitze ein Loch bohrst.*

Kniff mit Knoten

Ein ganz leichter Trick, der schon beim Vorbereiten Spaß macht und die Vorstellung etwas auflockert. Ein geknotetes Stück Schnur kommt in eine Pappröhre hinein und – ohne Knoten – wieder heraus. Wo ist der Knoten geblieben?

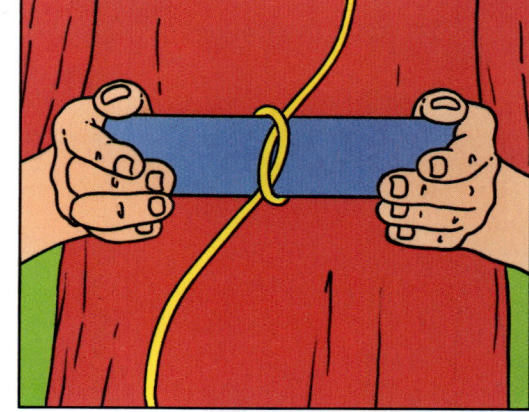

2 Vorstellung: Halte die Papierrolle so wie abgebildet. Bitte einen Freiwilligen aus dem Publikum, aus dem längeren Stück Schnur einen einfachen Knoten um die Rolle herum zu binden.

1 Vorbereitung: Beklebe die Küchenpapierrolle mit Buntpapier. Schneide dann einen Pappstreifen von 8,5 cm Länge und 2 cm Breite zurecht. Ein Ende davon klebst du mit dem Klebeband ins Innere der Rolle. Mach einen Doppelknoten in das kleinere Stück Schnur und schneide die Enden ab. Klemm den Knoten hinter dem Pappstreifen fest.

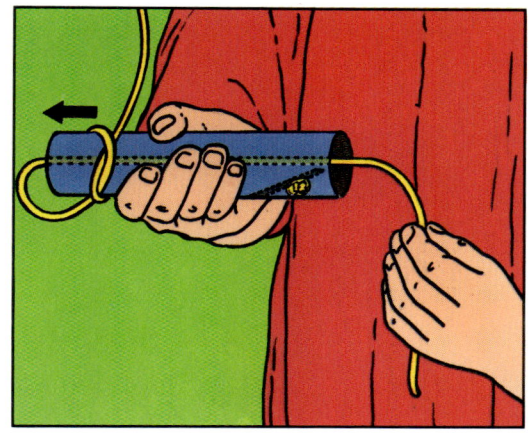

3 Schiebe den Knoten an ein Ende der Rolle und ziehe ein Schnurende durch die Rolle hindurch. Welches Ende das richtige ist, mußt du beim Üben herausfinden.

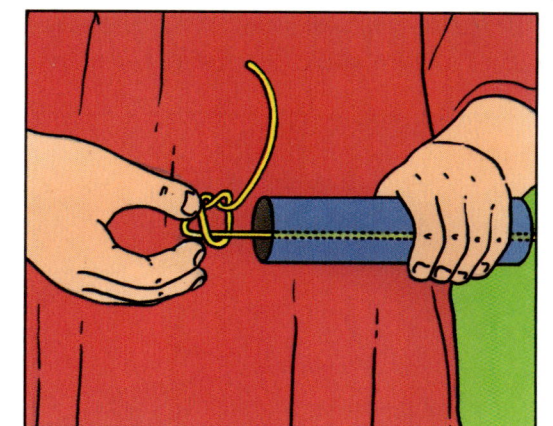

4 Nimm den Knoten, zieh ihn vorsichtig ab und stopfe ihn in die Rolle hinein.

Was du brauchst

eine leere
   Küchenpapierrolle
Buntpapier
eine Schere
Alleskleber
einen Pappstreifen
doppelseitiges
   Klebeband
ein kurzes Stück Schnur
   1 m Schnur

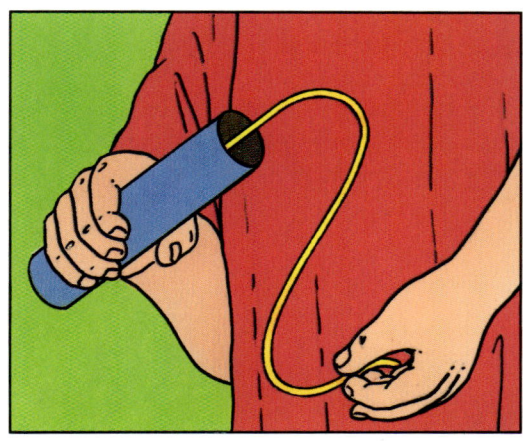

5 Zieh das Schnurende auf der anderen Seite der Papierrolle heraus, ohne den festgeklemmten Knoten in der Rolle zu berühren. Die Schnur kommt – ohne Knoten – zum Vorschein. Frage deine Zuschauer, wo der Knoten wohl geblieben ist?

6 Tippe gefühlvoll an die Papprolle, um den eingeklemmten Knoten, der hinter dem Pappstreifen sitzt, zu lockern, und schüttle ihn heraus. Teile dem Publikum mit, daß du den vorwitzigen Knoten gefunden hast, der sich von seiner Schnur abgeseilt hat.

Die verzauberte Münze

Der Zauberkünstler macht es möglich: Flache Gegenstände wie Münzen, Aufkleber oder auch Briefmarken lösen sich einfach in Luft auf! Das Geheimnis dieses Tricks: ein Stück Filz verdeckt die Öffnung des Plastikbechers, und dieser Filz hat genau die Farbe der Filzunterlage, auf der gezaubert wird. Wenn nun der Becher über den flachen Gegenstand gestülpt wird, ist dieser nicht mehr zu sehen.

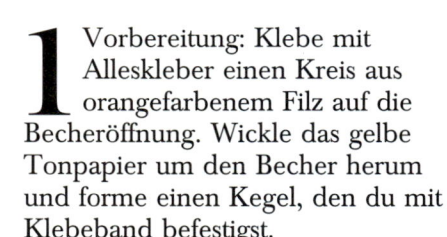

1 Vorbereitung: Klebe mit Alleskleber einen Kreis aus orangefarbenem Filz auf die Becheröffnung. Wickle das gelbe Tonpapier um den Becher herum und forme einen Kegel, den du mit Klebeband befestigst.

Was du brauchst

einen durchsichtigen Plastikbecher
eine Schere, eine Münze
ein kreisförmiges Stück orangefarbenen Filz
eine orangefarbene Filzmatte
Alleskleber, Klebeband
einen Bogen gelbes Tonpapier
Tonpapierrreste

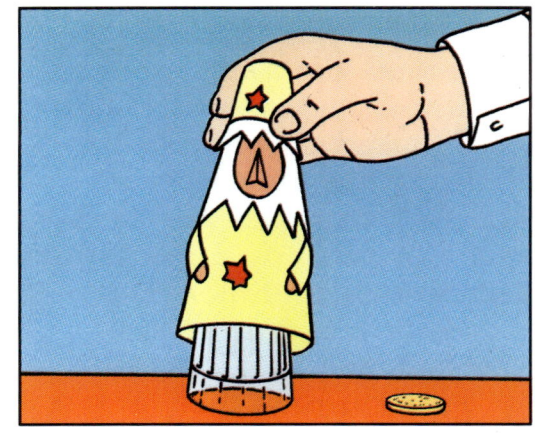

5 Hebe nur den Zauberer in die Höhe, der Becher bleibt auf der Unterlage stehen. Sein Filzboden verdeckt die Münze, die nun scheinbar verschwunden ist. Jetzt kannst du die Münze wieder hervorzaubern, indem du den ganzen Trick in umgekehrter Reihenfolge wiederholst.

4 Bedecke den Becher mit dem Zauberer und stülpe beide zusammen über die Münze. Deute mit dem Finger auf die Figur des Zauberers und sprich dazu einen Zauberspruch.

2 Forme den Kegel so, daß er den umgestülpten Becher verdeckt. Orientiere dich an der Abbildung und schneide aus den Tonpapierresten Gesicht, Bart, Hut, Arme und Sternchen zurecht. Beklebe den Kegel damit, bis er wie ein kleiner Zauberer aussieht.

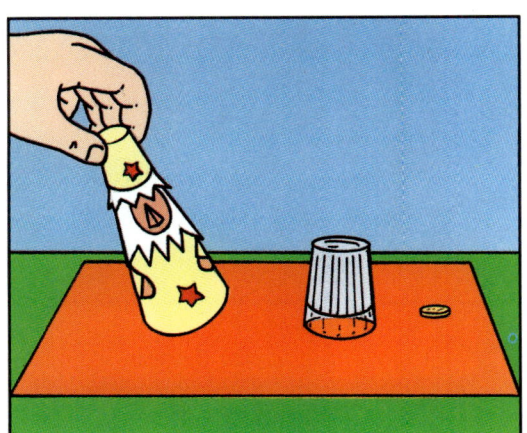

3 Vorstellung: Lege die Münze auf die Unterlage und stelle den umgedrehten Becher und den Zauberer daneben auf.

Ein Bleistift verschwindet

Bei diesem Trick spielen kleine Bleistiftstummel, die nicht mehr zu gebrauchen sind, eine Rolle. Dieses Kunststück kannst du ohne viel Vorbereitung aus dem Stegreif vorführen, denn alles was du dazu brauchst, kannst du unauffällig überallhin mitnehmen. Du wirst sehen, dieser Trick sorgt eins, zwei, drei für gute Laune!

2 Klebe die beiden Bleistiftstummel wie abgebildet in die leere Hülle, so entsteht deine Bleistiftattrappe. Den langen Stift verbirgst du unter deiner Kleidung.

1 Vorbereitung: Wickle Buntpapier über einen neuen Bleistift, forme eine Hülle und klebe die sich überlappenden Enden fest. Zieh die Hülle vom Stift herunter. Fertige eine weitere Hülle an, aber klebe sie diesmal am Bleistift fest.

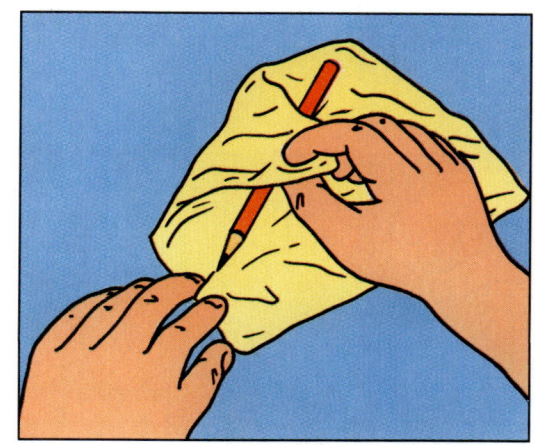

3 Vorstellung: Zeige deinem Publikum die Bleistiftattrappe und klopfe mit dem Stiftende auf eine feste Unterlage, um hörbar zu beweisen, daß der Bleistift stabil ist. Wickle ihn in Seidenpapier ein.

Was du brauchst

einen neuen Bleistift
Buntpapier
eine Schere
Alleskleber
2 Bleistiftstummel
Seidenpapier

4 Teile deinem Publikum mit, daß du diesen Stift nun verschwinden lassen wirst, und füge ein paar Zaubersprüche hinzu. Knüll das Seidenpapier in deiner Hand zusammen und wirf es in die Luft - Stummel und Hülle sind in dem Knäuel gut verborgen. Fang die Papierkugel wieder auf und stecke sie in deine Tasche.

5 Während deine Zuschauer sich immer noch fragen, wohin der Bleistift verschwunden sein könnte, ziehst du den richtigen Bleistift hervor und zeigst ihn herum.

Es regnet Geldstücke!

Ein überaus praktischer Zaubertrick, der das Publikum total verblüffen wird: Der Zauberer verwandelt Luft in Geld! Professionelle Zauberkünstler üben diesen Trick meist jahrelang, in der hier gezeigten, vereinfachten Form läßt er sich jedoch innerhalb kurzer Zeit erlernen.

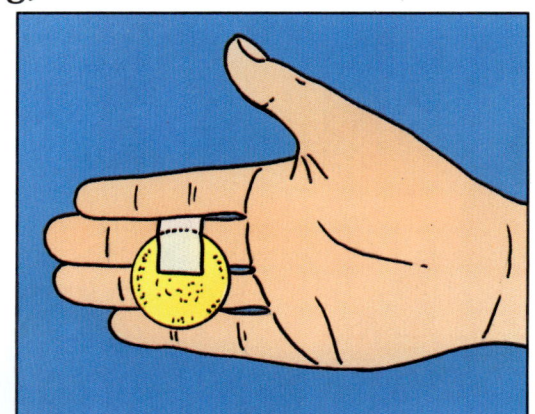

2 Halte den Klebestreifen zwischen Zeige- und Mittelfinger der rechten Hand. Die Münze baumelt wie abgebildet nach unten, der Handrücken zeigt zum Publikum, so daß die Münze nicht zu sehen ist.

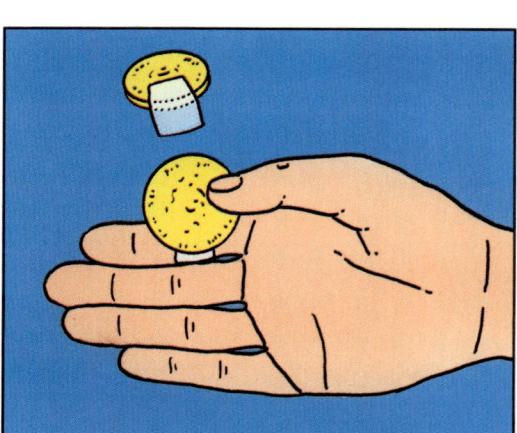

1 Vorbereitung: Befestige einen Streifen Klebeband am Rand einer Münze. Der Streifen sollte so lang sein, daß du ihn zwar wie abgebildet zwischen den Fingern halten kannst, er aber auf dem Handrücken nicht zu sehen ist.

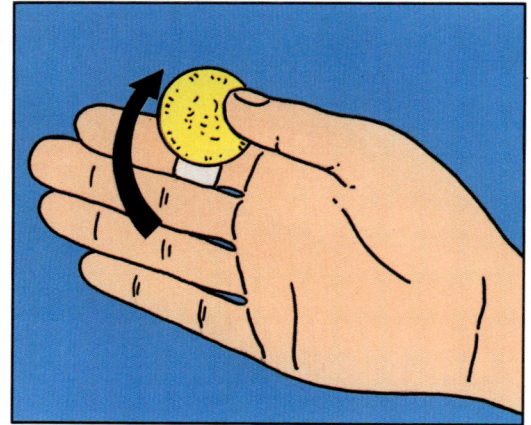

3 Führe deinen Daumen unter die Münze und klappe sie nach oben. Das wirkt, als ob du sie einfach aus der Luft gepflückt hättest.

4 Mit etwas Übung kannst du den Trick dann vorführen. Verstecke ein paar Münzen in deinem Zylinder, bevor du beginnst. Vorstellung: Halte deine Hand mit der herabhängenden Münze über den Zylinder. Schnippe die Münze nach oben, als ob du sie eben aus der Luft gefangen hättest, und nimm den Daumen wieder weg. Tu so, als ob du die Münze in den Zylinder werfen würdest.

Was du brauchst

einige größere Münzen
durchsichtiges Klebeband
einen Zylinder
  (siehe Seite 88)
eine kleine Glasschüssel

5 Auf diese Weise zauberst du "mehrere" Münzen aus der Luft und läßt sie scheinbar, eine nach der anderen, in den Zylinder fallen. Als krönenden Abschluß schüttest du die im Zylinder versteckten Münzen zum "Beweis" in eine kleine Glasschüssel.

Indischer Seiltrick

Dieser Seiltrick verblüfft am meisten, wenn du zwei Leute aus dem Publikum wie abgebildet aneinanderfesselst. Du trittst dann als Entfesselungskünstler auf, der die beiden befreit.

1 Bitte zwei Leute aus dem Publikum zu dir und knüpfe je ein Seil an die beiden Handgelenke deiner Freiwilligen, nachdem du die beiden Seile wie abgebildet umeinandergeschlungen hast. Laß den beiden etwas Zeit, sich selbst zu befreien. Du wirst sehen, es wird ihnen nicht gelingen!

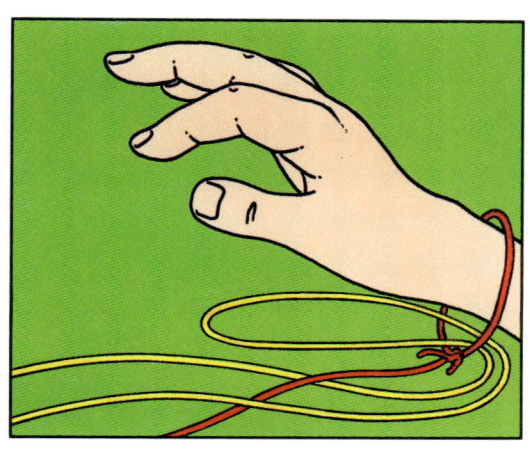

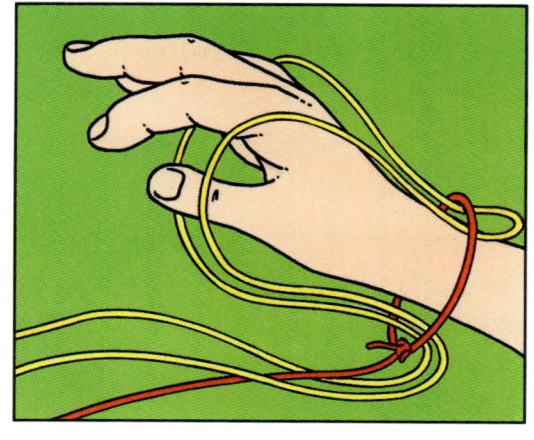

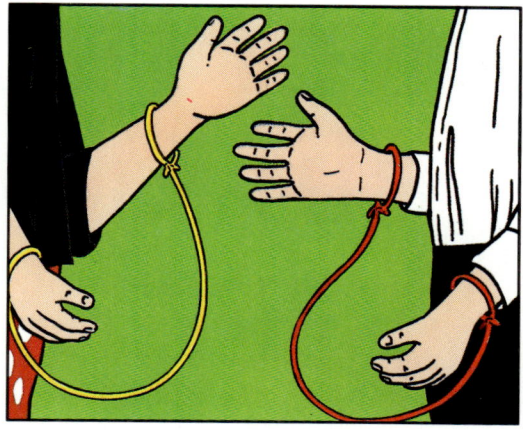

5 Wenn du alle Handgriffe richtig ausgeführt hast, werden deine Freunde befreit sein.

4 Nun ziehst du die Schlaufe noch einmal durch die Schlinge am Handgelenk.

2 Wenn sie sich lange genug vergeblich bemüht haben, schreitest du ein. Ziehe das eine Seil wie abgebildet schlaufenförmig durch die Schlinge, die das andere Seil um das Handgelenk bildet.

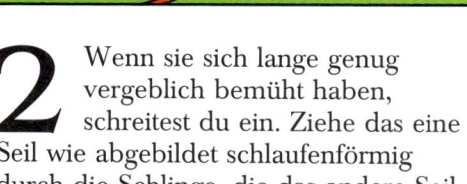

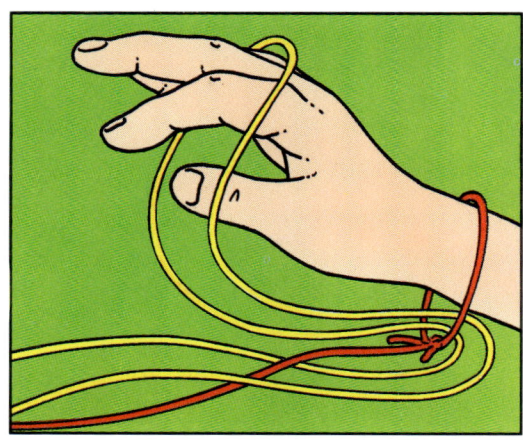

3 Vergrößere die Schlaufe wie abgebildet und ziehe sie über den Handrücken.

Was du brauchst

2 Schnüre oder Seile, je 1,5 m lang

Zwei Halbe und ein Ganzes

Viele Leute wissen nicht, daß eine Schere, die stark genug ist, um eine Spielkarte zu zerschneiden, nicht unbedingt auch stark genug ist, ein normales Leinenband zu zertrennen. Für diesen Trick nimmt man eine stumpfe Schere, um auf Nummer Sicher zu gehen.

1 Vorstellung: Zeige dem Publikum eine Spielkarte und falte sie der Länge nach in der Mitte. Ziehe ein paar Mal am Leinenband, damit das Publikum sieht, wie stark das Band ist, und lege es der Falte entlang zwischen die Kartenhälften.

Was du brauchst

eine Spielkarte
weißes Leinenband
 (1 m lang, 1,5 cm breit)
eine stumpfe Schere

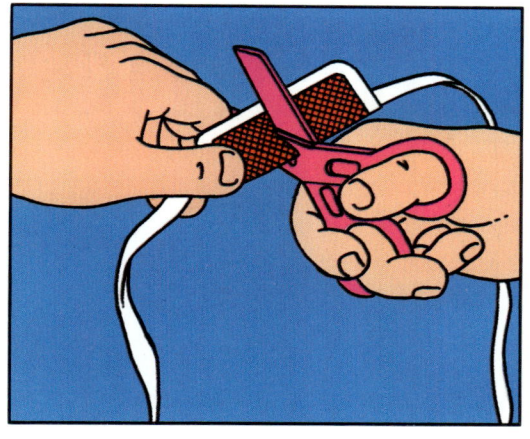

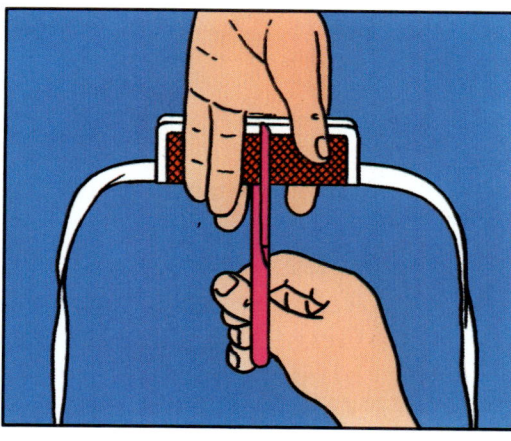

2 Nimm die linke untere Kante der zusammengefalteten Karte in die linke Hand. Halte die Schere in der rechten Hand und fang an, die Karte in der Mitte zu zerschneiden.

3 Greife mit der linken Hand um und halte die Karte mit Zeige- und Mittelfinger von vorn und mit dem Daumen und den restlichen Fingern von hinten. Schneide die Karte ganz durch.

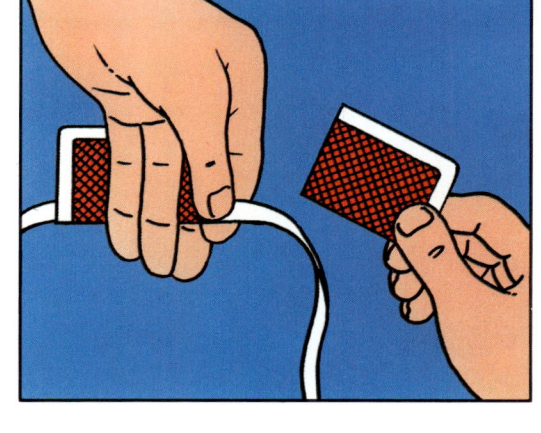

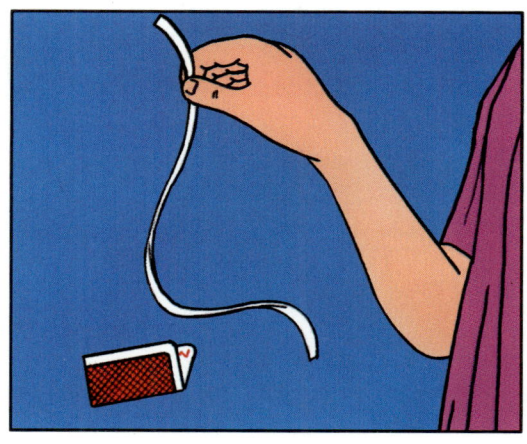

4 Das Leinenband ist ganz geblieben, aber die Zuschauer glauben, daß du es auch zerschnitten hast. Verdecke das Band mit den Fingern der linken Hand, damit es so aussieht, als hieltest du die Bandenden zusammen, wenn du die zerschnittene Karte zeigst.

5 Sprich einen Zauberspruch und gib den Blick auf das Leinenband frei. Halte dann das Leinenband mit beiden Händen hoch, so daß sich jeder Zuschauer davon überzeugen kann, daß du aus zwei Halben wieder ein Ganzes gezaubert hast!

Spielkartenblume

Dieser ungewöhnliche Kartentrick wird das Publikum gleich zu Beginn der Vorstellung total beeindrucken! Eine ganze Spielkartenrosette haftet ohne ersichtlichen Grund an der Hand des Zauberers und bleibt dort so lange befestigt, bis der Zauber gelöst wird und die Karten zu Boden flattern.

Was du brauchst

ein Kartenspiel
durchsichtiges
Klebeband

1 Vorbereitung: Schneide ein Stück Klebeband ab und befestige es so an der Rückseite einer Spielkarte, daß eine etwa 1 cm lange Schlaufe entsteht.

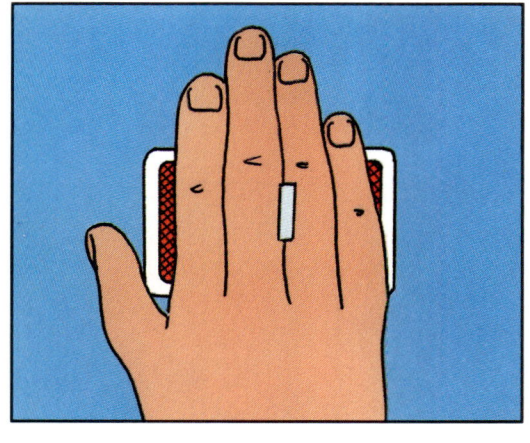

2 Übe, die Karte mit der Schlaufe fest zwischen Mittel- und Ringfinger zu pressen – sie ist deine Ankerkarte.

4 Nimm insgesamt 12 Karten für die Rosette. Preß die Schlaufe richtig fest zwischen deinen Fingern zusammen, und laß deine Zuschauer die vollständige Kartenblume sehen.

5 Streck die Hand weit in die Luft und befiehl den Karten zu fallen. Lockere den Druck der Finger auf die Schlaufe – und die Karten werden fallen.

3 Vorstellung: Nimm die Ankerkarte wie vorher geübt mit der Schlaufe in die Hand und achte darauf, daß es keiner sieht. Stecke die übrigen Karten kreisförmig unter deine Ankerkarte.

Die verzauberten Perlen

Wer Lust auf knifflige Tricks hat, wird dieses Kunststück lieben: aufgereihte Holzperlen purzeln von der Kette, ohne daß ihre Schnur beschädigt wird! Das Unmögliche wird möglich durch die Art und Weise, wie die Perlen aufgefädelt und verknotet sind. Ein Kunststück, das Ausdauer und Übung erfordert!

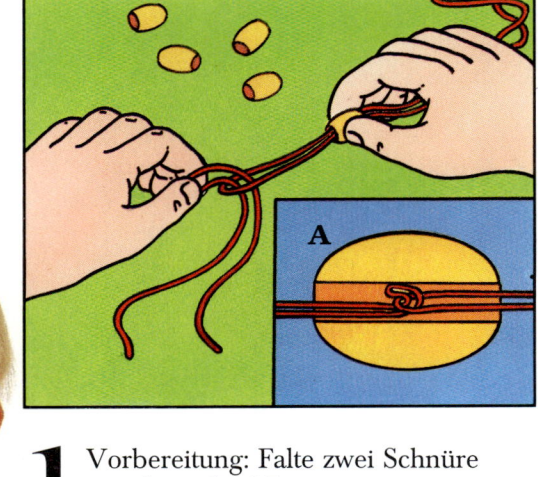

1 Vorbereitung: Falte zwei Schnüre jeweils in der Mitte zusammen. Fädle die gefaltete Mitte einer Schnur durch eine Perle. Nimm das Mittelstück einer zweiten Schnur und zieh es durch die Schlinge, die aus der Perle herausragt. Zieh beide Schlingen vorsichtig ins Innere der Perle zurück (siehe Abb. A).

2 Fädle die restlichen vier Perlen wie abgebildet auf die Schnur - je zwei auf jede Seite der Anfangsperle. Vorstellung: Halte die Perlenkette mit beiden Händen hoch und bitte einen Zuschauer, dir zu assistieren.

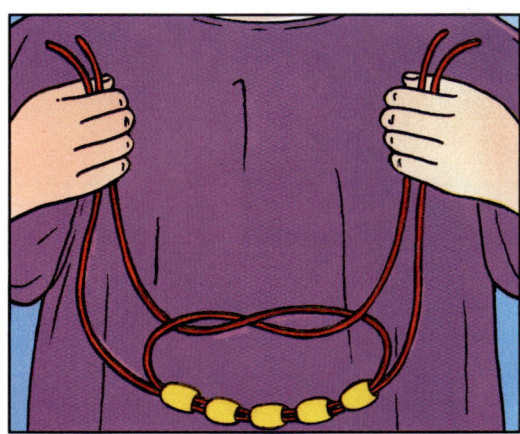

3 Wenn dein Assistent die Kette festhält, schlingst du ein rechtes und ein linkes Schnurende zu einem einfachen Knoten zusammen. Bei diesem Knoten kommt es darauf an, daß ein Schnurende der rechten Hand in der linken und ein Schnurende der linken Hand in der rechten deines Assistenten landet.

4 Nun bedeckst du die Perlenkette wie abgebildet mit einem Taschentuch. Erkläre dem Publikum, daß du nun versuchen wirst, die Perlen von der Kette zu lösen.

5 Greife unter das Tuch und zieh an der Mittelperle, sie löst sich, und alle anderen Perlen werden folgen. Zieh mit einem Ruck das Taschentuch weg und nimm die Schnüre wieder selbst in die Hand. Halte sie in die Höhe, damit jeder sehen kann, daß sie ganz geblieben sind.

Was du brauchst

5 große Perlen
2 Schnüre (je 60 cm lang)
ein großes Taschentuch
oder eine Serviette

Luftakrobat Löffel

An diesem Trick kann man lange herumrätseln, darum ist unbedingte Geheimhaltung notwendig! Ein Löffelstiel läßt einen Becher und ein Seidentuch schweben. Was dahinter steckt, ist ein gut versteckter Magnet!

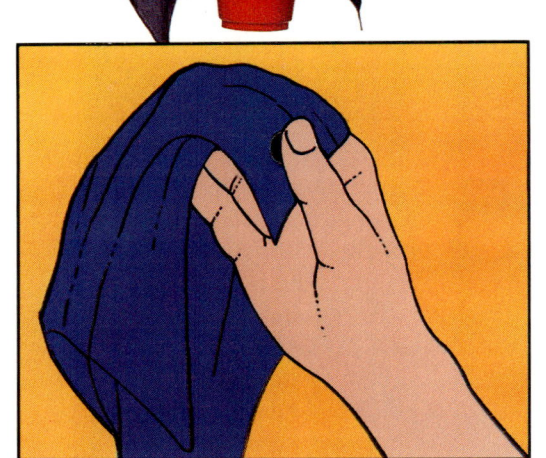

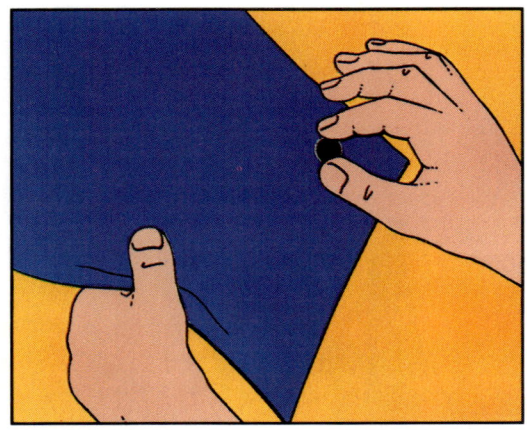

1 Vorbereitung: Befestige den Magneten mit doppelseitigem Klebeband in einer Ecke des Seidentuchs, etwa 3,5 cm vom Rand entfernt.

2 Vorstellung: Halte den Schal wie abgebildet in der rechten Hand, so daß dein Daumen den Magneten verdeckt. Zeige dem Publikum mit der linken Hand den leeren Plastikbecher.

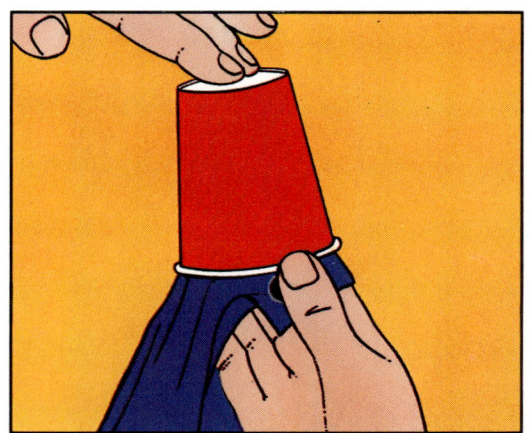

3 Stülpe den Becher über die rechte Hand und achte darauf, daß die Tuchecke mit dem Magneten nicht in den Becher hineinrutscht.

4 Halte den Rand des Bechers mit dem Daumen und zwei Fingern der rechten Hand fest und dreh den Becher um, so daß das Tuch über der Becheröffnung liegt. Stopfe das Tuch mit der linken Hand in den Becher.

5 Setze den Becher auf deine linke Handfläche und laß den Magneten – er muß dir zugewandt sein – aus dem Becher heraushängen. Senke den Löffelstiel in den Becher und zieh deine stützende Handfläche darunter weg – der Wunderlöffel läßt Becher und Tuch in der Luft schweben!

Was du brauchst

einen kleinen Magneten
doppelseitiges Klebeband
ein kleines Seidentuch
einen Plastikbecher
einen Eßlöffel aus Metall

Der Bleistift-zauber

Dieses Kunststück läßt sich immer und überall zeigen, vorausgesetzt man hat einen Stift und ein Taschentuch zur Hand. Wenn das Tuch richtig gefaltet wird, kann der Stift so hindurchfallen, daß es aussieht, als ob er den Stoff auf magische Weise durchdrungen hätte.

1 Lege das Taschentuch wie abgebildet über deine linke Hand und laß dabei den größeren Teil des Tuches auf der Zuschauerseite herunterhängen.

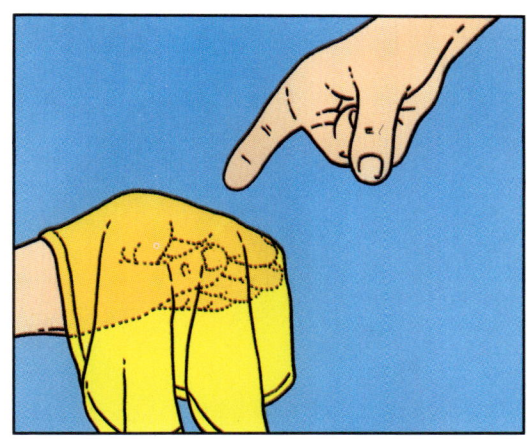

2 Drücke deinen rechten Zeigefinger zwischen dem Daumen und dem Zeigefinger der linken Hand in das Tuch und forme eine Mulde.

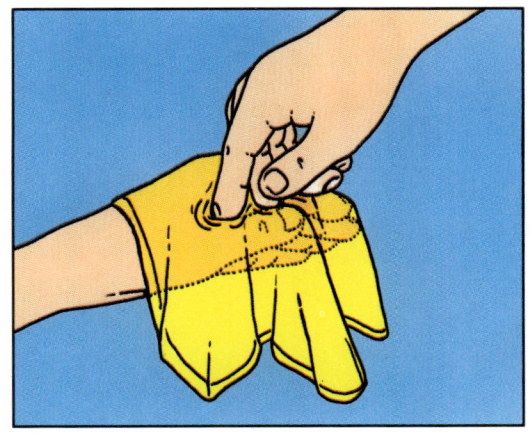

3 Wie abgebildet schiebst du gleichzeitig mit dem Mittelfinger der rechten Hand den Stoff zusammen und machst heimlich eine kleine Falte ins Taschentuch.

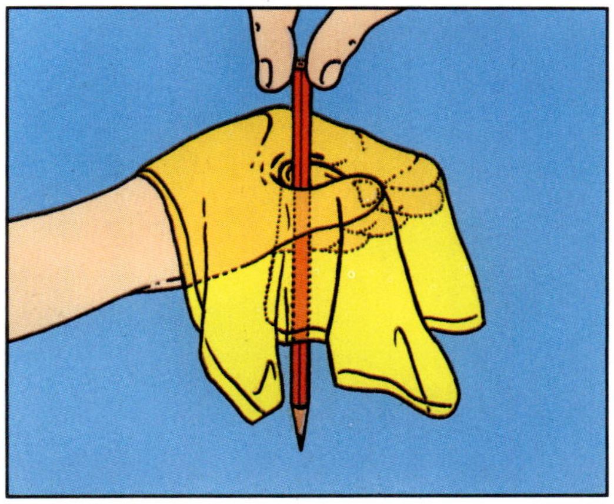

4 Nimm einen Bleistift und informiere die Zuschauer, daß du diesen Stift nun direkt durch das Tuch fallen lassen wirst. Drück ihn in die Geheimfalte. Das Publikum wird glauben, daß er sich in die Mulde senkt. Der Bleistift aber fällt ungehindert zu Boden – er hat das Taschentuch durchdrungen, ohne eine sichtbare Spur zu hinterlassen!

Was du brauchst

einen Bleistift
ein großes Taschentuch

Das Hemd ist weg!

Dieser Trick muß vorbereitet werden. Der Zauberer braucht dazu einen vertrauenswürdigen Assistenten, der schon eine Weile vor der Vorstellung da sein muß. Die Zuschauer werden gehörig zusammenzucken, wenn der Zauberer seinem Assistenten vor ihren Augen das Hemd vom Leib reißt – ein wirkungsvoller Trick für ein gelungenes Finale!

1 Vorbereitung: Dein Assistent zieht sein Hemd aus. Du hängst es ihm über die Schultern und schließt zwei bis drei Knöpfe am Hals. Auch die Manschettenknöpfe an den Handgelenken machst du wie abgebildet zu.

2 Nachdem dein Assistent seinen Pullover wieder übergezogen hat, zupfst du das Hemd so in Form, daß alles ganz normal aussieht.

Was du brauchst

einen Partner, der ein Hemd unter einem Pullover trägt
einen Stuhl

5 Zur Überraschung der Zuschauer wirst du das ganze Hemd in der Hand halten. Verabrede mit deinem Partner, daß er an dieser Stelle sehr erschrocken tun soll. Nutze diese Schrecksekunde und lauf mit dem erbeuteten Hemd von der Bühne.

3 Vorstellung: Bitte jemanden aus dem Publikum, dir zu assistieren. Natürlich meldet sich dein Assistent als erster. Hole ihn zu dir auf die Bühne, biete ihm einen Stuhl an und fordere ihn auf, die obersten zwei oder drei Knöpfe seines Hemdes sowie die Manschettenknöpfe zu öffnen.

4 Stell dich hinter deinen Assistenten, pack das Hemd am Kragen und zieh es mit einem Ruck nach oben.

Rot, Gelb oder Grün?

Wenn du die Anleitung genau befolgst, wirst du wie ein echter Hellseher immer in der Lage sein, richtig vorauszusehen, für welchen Farbchip sich ein zufällig gewählter Zuschauer entscheiden wird. Wichtig ist, eine geheimnisumwitterte Atmosphäre zu schaffen und dem Publikum mit dramatischer Stimme zu erklären, daß du in die Zukunft schauen kannst!

1 Vorbereitung: Befestige einen Aufkleber auf dem roten Chip und zeichne ein Kreuz darauf. Male drei verschiedenfarbige Kreise (grün, rot, gelb) auf eine Karte und durchkreuze den grünen Kreis. Male drei verschiedenfarbige Kreise (grün, rot, gelb) auf einen Umschlag und durchkreuze den gelben Kreis. Stecke die Karte und die drei Chips in den Umschlag.

2 Vorstellung: Lege den Briefumschlag so hin, daß die bemalte Seite nach unten zeigt, nimm die drei Chips heraus und setze sie auf deine Arbeitsfläche. Weise die Zuschauer darauf hin, daß du gleich einen Freiwilligen bitten wirst, einen Chip auszuwählen, daß du aber dank deiner Zauberkräfte bereits jetzt weißt, für welchen Chip er sich entscheiden wird.

3 Bitte nun einen Zuschauer, sich für eine Farbe zu entscheiden. Sagt er "Rot", nimmst du den roten Chip in die Hand, drehst ihn um und zeigst dem Publikum das Kreuz als Beweis dafür, daß du dies bereits richtig vorhergesehen hast. Zeige auch die anderen Chips vor, damit das Publikum sieht, daß diese nicht markiert sind.

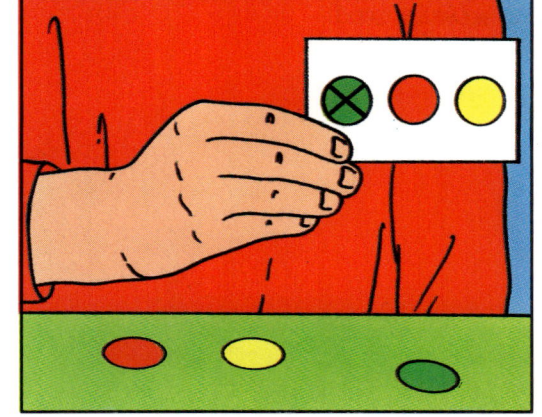

4 Entscheidet sich der Zuschauer für Grün, so ziehst du die Karte aus dem Umschlag und zeigst dem Publikum den angekreuzten grünen Kreis.

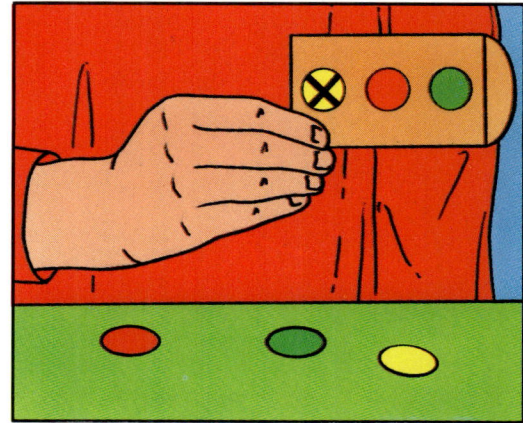

5 Ruft der Zuschauer aber "Gelb", so drehst du den Umschlag um und zeigst den angekreuzten gelben Kreis. Ganz egal, wie er sich entscheidet, du bist immer in der Lage zu beweisen, daß du die Wahl des Freiwilligen bereits richtig vorausgesehen hast. Natürlich darfst du diesen Trick niemals vor dem gleichen Publikum wiederholen!

Was du brauchst

3 Chips (rot, gelb und grün)
eine kleine Karte und einen passenden Umschlag
einen runden Aufkleber
3 Buntstifte - rot, gelb und grün
einen schwarzen Filzstift

Das Ding mit dem Ring

Jeder Zauberkünstler weiß, daß die Hand oft schneller ist als das Auge. Manchmal kann man die Zuschauer also dazu bringen, daß sie glauben, etwas ganz und gar Unmögliches zu sehen – in Wirklichkeit aber unterliegen sie nur der Täuschung einer geschickten Hand. Bei dem hier gezeigten Kunststück denkt das Publikum, daß sich ein Plastikring ganz von allein auf ein Seil gefädelt hat – und das, obwohl beide Endstücke des Seils die ganze Zeit über zu sehen waren!

1 Stelle dich hinter einen Tisch und ordne die Sachen wie abgebildet an; die Enden der zwei Seilstücke müssen dabei griffbereit hinter dem Zylinder liegen, so daß du sie schnell zusammen aufnehmen kannst und scheinbar nur ein Seil in der Hand hältst.

2 Nimm beide Seilstücke und halte die Enden des langen und des kurzen Seilstücks wie abgebildet in deiner rechten Hand. Für die Zuschauer sieht es so aus, als hieltest du nur ein Seil in Händen. Senke das Seil tief in den Zylinder hinein.

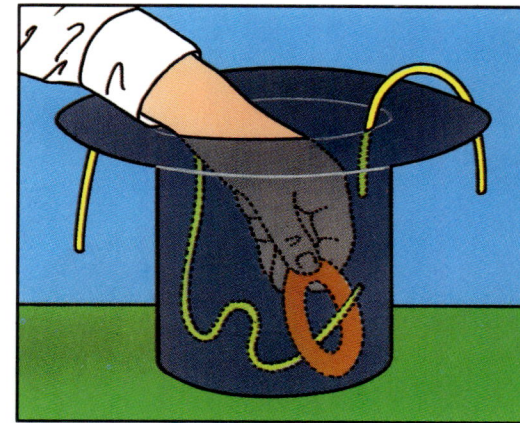

4 Bitte einen Zuschauer, den Plastikring zu prüfen, ob er auch wirklich in Ordnung ist. Lege den Ring ebenfalls in den Zylinder und zieh ihn dabei heimlich über das lange Seilende, das verborgen im Zylinder liegt.

5 Sprich einen Zauberspruch, ergreife die beiden verborgenen Seilenden wie abgebildet mit der rechten Hand und das andere Seilende mit der linken. Zieh das Seil aus dem Zylinder heraus. Der Plastikring hat sich von selbst auf das Seil gefädelt!

3 Wenn deine Hände die Hutkrempe berühren, läßt du das Ende des langen Seils, das du in der rechten Hand hältst, heimlich in den Zylinder fallen. Das Seilende der linken Hand und das kurze Seilstück müssen so aus dem Hut heraushängen wie auf der Abbildung.

Was du brauchst

einen festen Plastikring oder einen Armreifen
einen Zylinder (siehe Seite 88)
ein langes Stück Seil (1 m lang)
ein kurzes Stück vom gleichen Seil (25 cm lang)

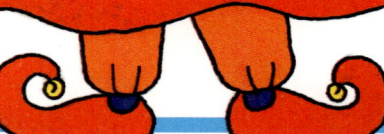

Oben oder unten?

Dieser Trick stellt im wahrsten Sinne des Wortes alles auf den Kopf, wenn man eine ganz bestimmte Falttechnik anwendet, die ganz leicht zu lernen ist. Du kannst dazu jede Art von Papier, vom einfachen Zettel bis zum Geldschein, verwenden. Du kannst aber auch ein paar Zuschauer bitten, sich gegenseitig zu zeichnen – das Ergebnis wirkt dann umgedreht besonders lustig.

Was du brauchst

ein rechteckiges Stück Papier
Filz- oder Buntstifte

1 Vorbereitung: Zeichne einen Pfeil oder ein anderes Zeichen auf das Papier. Damit die Vorstellung später glatt über die Bühne geht, faltest du das Papier am besten vor und streichst es dann wieder glatt. Vorstellung: Halte das Papier mit der linken Seite nach oben zwischen Daumen und Zeigefinger der linken Hand.

2 Falte die obere Hälfte des Papiers zu dir nach unten und dann die rechte Papierhälfte wie abgebildet nach hinten.

3 Nimm die rechte Faltkante in die rechte Hand und falte das Papier zu dir hin (das ist wichtig) noch einmal in der Mitte.

4 Halte das Papier nun in der linken Hand. Schnippe das Papier einige Male an und sprich einige Zauberformeln dazu. Entfalte das Papier zuerst in der Breite und klappe es dann nach oben. Du wirst sehen, der Pfeil weist jetzt in die umgekehrte Richtung!

Viele Glieder - eine Kette

Dieses aufsehenerregende Kunststück kommt garantiert gut an! Immer wieder gelingt es Zauberkünstlern, ihr Publikum in Erstaunen zu versetzen, indem sie einzelne Gegenstände dazu bringen, sich auf magische Art miteinander zu verbinden. Wir zeigen hier, wie sich einzelne Glieder zu einer Kette zusammenfügen.

1 Vorbereitung: Schneide eine Papiertüte in der Mitte quer durch. Klebe die untere Hälfte wie abgebildet innen an der Rückwand einer zweiten Tüte fest, so daß eine versteckte Innentasche entsteht.

2 Lege die Kette auf den Boden der großen Tüte und die einzelnen Kettenglieder in ein Glas.

3 Vorstellung: Stelle die Tüte geöffnet vor dich hin und laß die einzelnen Kettenglieder aus dem Glas - eins nach dem anderen - in die geheime Innentasche fallen.

4 Drücke die Innentasche zu und puste die große, äußere Tüte auf. Knüll den Tütenhals fest zusammen, damit die Luft in der Tüte bleibt, und halte dabei die Innentasche umschlossen.

5 Laß die große Außentüte mit einem Knall zerplatzen und zieh die Kette heraus. Die einzelnen Kettenglieder sind immer noch in der Innentasche versteckt.

Ein Würfel verschwindet

Die Welt der Magie ist voller Illusionen: aus dem Nichts tauchen Dinge auf oder lösen sich in Luft auf. Ein Würfel liegt auf einem Untersetzer, und über ihn werden Pappröhren gestülpt. Der Zauberer entfernt die Pappröhren – der Würfel aber ist und bleibt verschwunden!

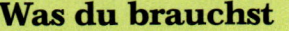

Was du brauchst

eine Pappröhre, 4 cm hoch und 3 cm breit
eine Pappröhre, 7 cm hoch und 4 cm breit
Geschenkpapier und eine Schere
Klebeband
einen Würfel
doppelseitiges Klebeband
2 Plastikuntersetzer

1 Vorbereitung: Umwickle die Pappröhren mit Geschenkpapier und klebe die Kanten mit Klebeband fest. Befestige den Würfel mit doppelseitigem Klebeband in der Mitte eines Untersetzers.

2 Vorstellung: Setze den Untersetzer mit dem Würfel auf deine linke Handfläche und zeige ihn herum. Stülpe erst die kleinere Pappröhre über den Würfel, danach die größere. Verschließe die Röhren oben mit dem zweiten Untersetzer.

3 Lege deine rechte Hand fest auf den oberen Untersetzer und dreh die ganze Konstruktion mit Schwung um. Dabei fällt die kleinere Röhre nach unten und schlägt auf dem Untersetzer auf. Deine Zuschauer hören dieses Geräusch und denken, daß der Würfel durch die Röhren auf den Untersetzer gefallen ist.

4 Hebe den oberen Untersetzer mit der linken Hand ab und klemme ihn, ohne daß jemand den festgeklebten Würfel zu sehen bekommt, unter deinen rechten Arm

5 Entferne erst die größere, dann auch die kleinere Pappröhre und zeige dem verblüfften Publikum, daß der Würfel nicht auf dem Untersetzer gelandet ist, sondern sich statt dessen in Luft aufgelöst hat.

Die Zauberbrille

Dieser Trick ruft ganz bestimmt Erstaunen hervor!
Der Zauberkünstler teilt seinem Publikum mit, daß
er eine Zauberbrille gefunden hat, mit deren Hilfe
er durch undurchsichtige Gegenstände hindurchschauen kann. Die Zuschauer brechen in Lachen
aus, wenn er ihnen daraufhin eine einfache
Plastikschere zeigt, aber: Wer zuletzt lacht, lacht
am besten!

1 Vorbereitung: Tupfe Klebstoff auf
eine Seite der Münze, lege das
Haar darauf und laß es gut
antrocknen.

Was du brauchst

eine Münze
Alleskleber
ein Haar
eine Schere
drei farbige Flaschen-
deckel
eine Plastikschere

52

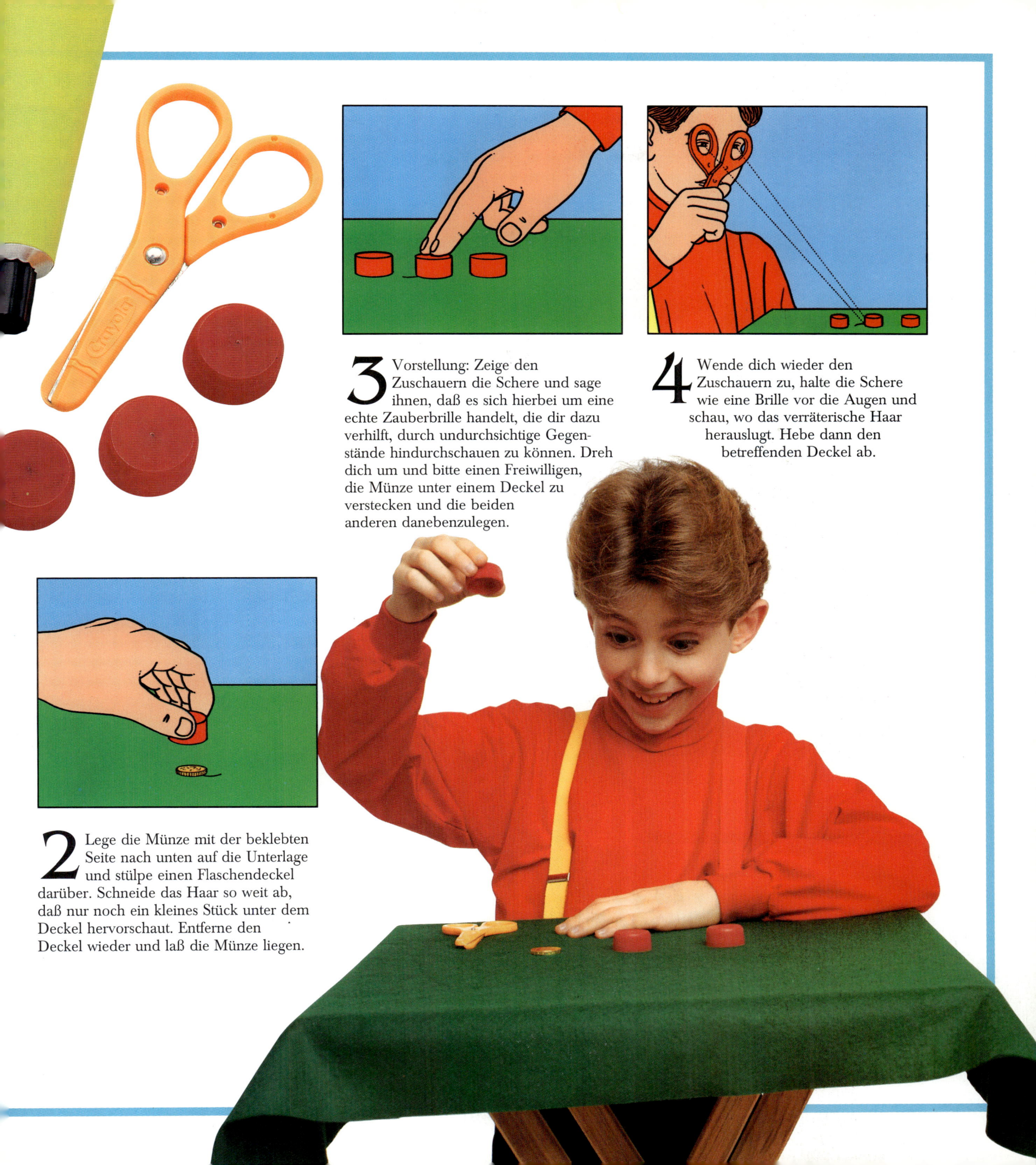

3 Vorstellung: Zeige den Zuschauern die Schere und sage ihnen, daß es sich hierbei um eine echte Zauberbrille handelt, die dir dazu verhilft, durch undurchsichtige Gegenstände hindurchschauen zu können. Dreh dich um und bitte einen Freiwilligen, die Münze unter einem Deckel zu verstecken und die beiden anderen danebenzulegen.

4 Wende dich wieder den Zuschauern zu, halte die Schere wie eine Brille vor die Augen und schau, wo das verräterische Haar herauslugt. Hebe dann den betreffenden Deckel ab.

2 Lege die Münze mit der beklebten Seite nach unten auf die Unterlage und stülpe einen Flaschendeckel darüber. Schneide das Haar so weit ab, daß nur noch ein kleines Stück unter dem Deckel hervorschaut. Entferne den Deckel wieder und laß die Münze liegen.

Das Zauber-tuch

Für diesen Trick braucht man nichts weiter als ein Seidentuch, ein Stück schwarzen Faden und einen Stuhl. Ein paar geschickte Handbewegungen und etwas Übung genügen, um die Zuschauer glauben zu machen, daß das Tuch geradewegs durch die Stuhllehne hindurchgeht. Wichtig ist nur, daß die Rückseite des Stuhls zum Publikum zeigt, damit es die geheimen Bewegungen des Zauberers nicht verfolgen kann.

1 Vorbereitung: Nimm das Seidentuch und binde den Faden wie abgebildet an zwei gegenüberliegenden Ecken des Tuches fest.

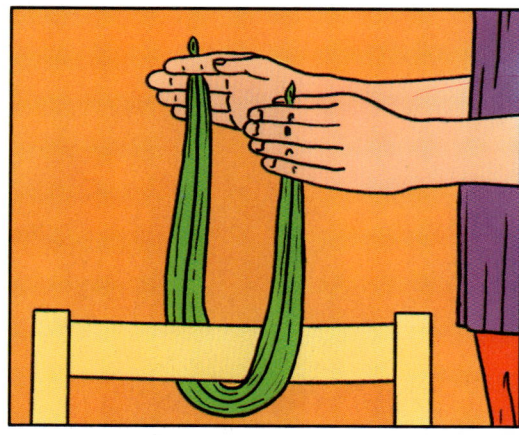

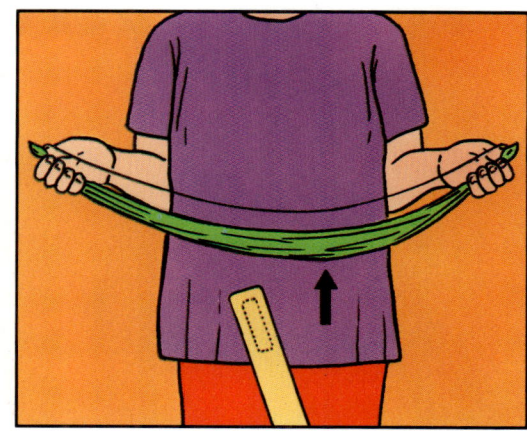

2 Vorstellung: Führe das Tuch unter der Stuhllehne hindurch und halte es oben an den geknoteten Enden, und zwar zwischen Daumen und Zeigefinger der linken Hand sowie Zeige- und Mittelfinger der rechten Hand.

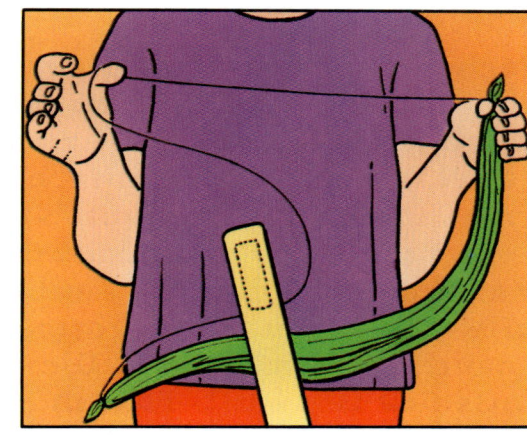

5 Die Zuschauer können nicht sehen, daß du das Tuch rechts losgelassen hast, da diese Bewegung vom vorderen Tuchzipfel und deiner linken Hand verdeckt wird. Für sie sieht es so aus, als sei das Tuch geradewegs durch die Stuhllehne hindurchgegangen.

4 Laß das Tuch mit der rechten Hand los und spreize die Arme im gleichen Moment. Das freie Ende des Tuchs wird durch den Faden um die Lehne herumgezogen und landet wieder in deiner rechten Hand.

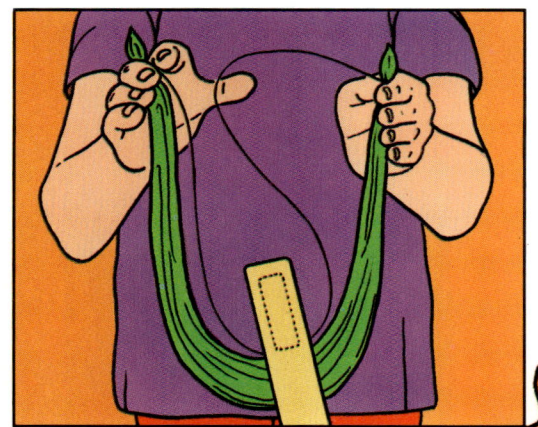

3 Hebe und senke das Tuch einige Male, bis es die Sitzfläche des Stuhls berührt. Bei der letzten Ab wärtsbewegung schlüpft dein rechter Daumen wie abgebildet unter das gegenüberliegende Ende des Fadens.

Was du brauchst

ein Seidentuch in einer dunklen Farbe
dünnen, reißfesten schwarzen Faden
einen Stuhl mit offener Rücken- lehne

Magische Zahlen

Manchmal können schwierige mathematische Probleme erstaunlich schnell gelöst werden – zum Beispiel mit einer ganz einfachen Formel. Damit das Publikum an übermenschliche Rechenkünste oder gar an außergewöhnliche Zauberkräfte glaubt, muß diese Formel natürlich geheim bleiben! Dieses Kunststück ist zwar bereits in einer Zeit erdacht worden, in der es noch keine Taschenrechner gab, es läßt sich jedoch wesentlich schneller vorführen, wenn der Zauberer so ein kleines Gerät in seiner Handfläche versteckt hält.

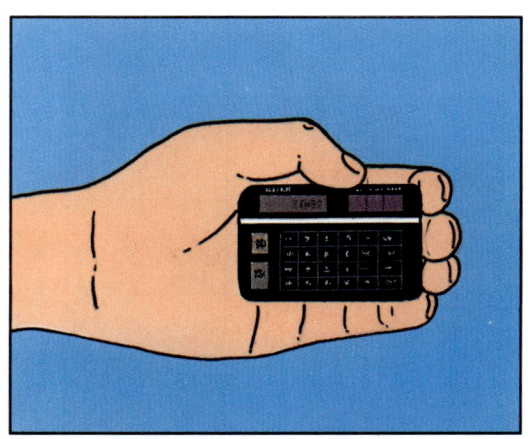

1 Vorbereitung: Nimm ein Blatt Papier und zeichne darauf mit schwarzem Filzstift ein Gitter, das waagerecht sieben und senkrecht fünf Kästchen hat. Trage die Zahlen 1 bis 31 in die Kästchen ein (siehe Abb. 2) und klemm das Papier auf die Tafel. Dann versteckst du, falls vorhanden, den kleinen Taschenrechner in deiner Handfläche.

2 Vorstellung: Überreiche einem Zuschauer die Klemmtafel und den roten Filzstift. Stell dich mit dem Rücken zum Publikum auf und bitte deinen Freiwilligen, ein beliebiges Quadrat von neun Zahlen auf dem Gitter zu umrahmen.

Was du brauchst

Papier und eine
Klemmtafel
2 Filzstifte, schwarz
und rot
evtl. einen kleinen
Taschenrechner

3 Bitte nun deinen Freiwilligen, dir die niedrigste Zahl aus dem gewählten Quadrat zu nennen. Fordere ihn dann auf, alle Zahlen des Quadrates zusammenzuzählen.

4 Gleichzeitig rechnest du mit Hilfe der Formel (und eventuell eines Taschenrechners) ebenfalls die Summe aus. In Rekordgeschwindigkeit verkündest du das richtige Ergebnis, noch bevor dein Freiwilliger mit der Rechnung so richtig begonnen hat! Wie du das schaffst? Ganz einfach: Nimm die kleinste Zahl, füge acht hinzu, multipliziere mit neun - und schon hast du das richtige Ergebnis!

Die verzauberte Karte

Dieser Trick ist ebenso einfach wie verblüffend: Ein Zuschauer wählt eine Karte aus, die in den Kartenstapel zurückgesteckt wird. Der Zauberer findet nicht nur die richtige Karte heraus, sondern er verzaubert sie auch noch so, daß sie umgedreht im Spiel liegt, ob ihr es glaubt oder nicht!

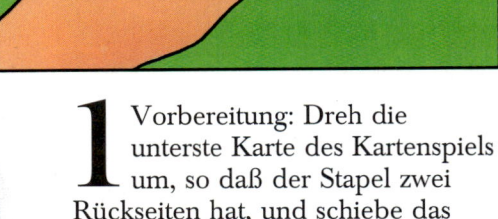

1 Vorbereitung: Dreh die unterste Karte des Kartenspiels um, so daß der Stapel zwei Rückseiten hat, und schiebe das Spiel wieder in seine Packung.

2 Vorstellung: Nimm die Karten aus der Verpackung und fächere sie hinter deinem Rücken auf. Achtung: Keiner darf die unterste, umgedrehte Karte sehen! Bitte einen Zuschauer, auf die Bühne zu kommen und eine Karte zu ziehen.

3 Wenn der Zuschauer seine Karte gezogen hat, legst du die Karten zu einem Stapel zusammen und drehst ihn so um, daß die unterste Karte oben liegt. Wende dich dem Publikum zu und halte den Kartenstapel wie abgebildet.

4 Jetzt nimmst du die Zuschauerkarte und steckst sie in den Stapel zurück. Halte den Stapel hinter deinen Rücken und dreh die umgedrehte oberste Karte heimlich wieder herum. Dabei lenkst du das Publikum ab, indem du erklärst, daß du nicht nur die richtige Karte herausfinden, sondern sie auch noch verkehrt herum in den Stapel hineinzaubern wirst.

Was du brauchst

ein Kartenspiel

5 Fächere die Karten, Bildseite nach oben, auf deinem Tisch auf. Die auserwählte Karte ist jetzt die einzige, die verkehrt herum liegt, wenn du das Kartenspiel vor den Augen des Publikum ausbreitest.

Der verhexte Knoten

Das Seil ist ans Tuch geknotet, und das Tuch ist zusätzlich noch mit dem Seil verknotet. Wie um alles in der Welt ist es dann möglich, daß man das Tuch vom Seil abziehen kann, ohne den Knoten zu lösen? Ein kleiner Kniff macht's möglich!

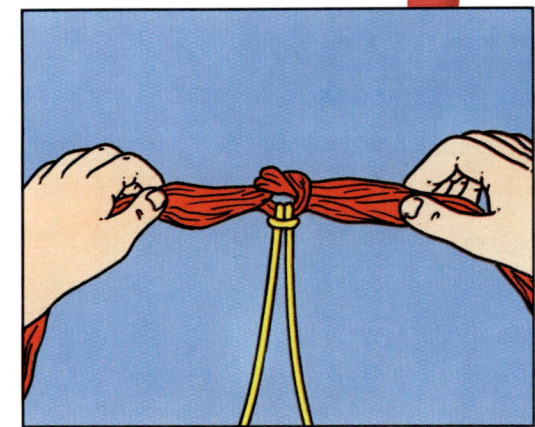

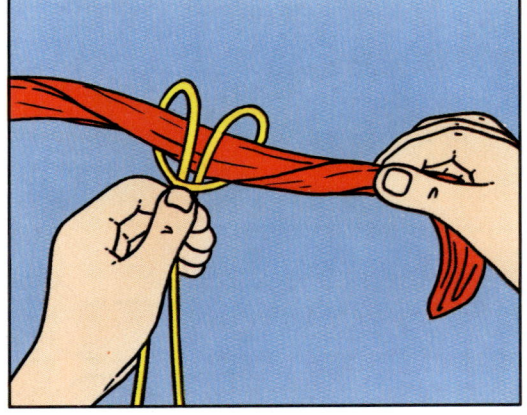

1 Nimm das Seil in die Hand und zieh einige Male daran, um zu zeigen, daß es ganz in Ordnung ist. Falte es in der Mitte und mach eine Schlinge wie auf der Abbildung. Deinen Zuschauern aber erzählst du dabei, du würdest nun einen "Knoten" in der Seilmitte binden. Nimm das Seidentuch und ziehe es wie abgebildet durch die Schlinge bzw. den "Knoten".

2 Zieh das Seil mit dem "Knoten" straff. Weise darauf hin, daß du nun das Tuch auch noch an das Seil binden wirst. Verknote das Tuch dann wie abgebildet mit einem einfachen, lockeren Knoten.

3 Halte das Seil an jeder Seite etwa 30 cm vom "Knoten" entfernt hoch. Diese Bewegung lockert die Knoten, und genau in der Mitte entsteht eine große Tuchschlaufe. Jetzt kann das Tuch gelöst werden.

4 Stell deinen linken Fuß auf ein Ende des Seils und halte es mit der linken Hand in die Höhe. Vorsicht: Nicht zu straff ziehen! Greife mit der rechten Hand in die Seilschlinge und packe das Tuch. Jetzt bewegst du das Seidentuch am Seil auf und ab.

5 Zieh das Seidentuch mit einem Ruck vom Seil weg, und schon hältst du es - immer noch mit dem Knoten - in der Hand!

Was du brauchst

ein Seil, 2 m lang
ein dünnes Seiden-
tuch, 45 x 45 cm

Aus zwei mach eins

Dieses Zauberkunststück ist ein echter Klassiker. Ein langes Seil wird in der Mitte auseinandergeschnitten und mit Hilfe einiger ausgeklügelter Knoten ohne sichtbare Nahtstelle wieder zusammengefügt.

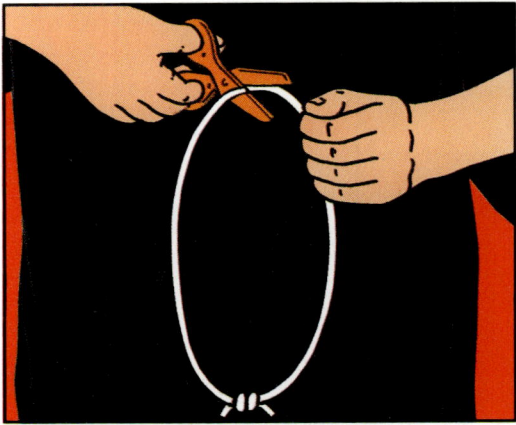

2 Vorstellung: Zeige deinen Zuschauern das Seil – sie werden denken, es sei zusammengeknotet. Schneide es dann an der zusammengeklebten Stelle durch und verknote die Endstücke.

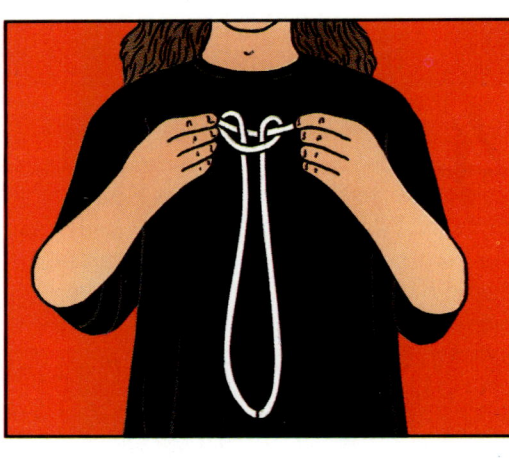

1 Vorbereitung: Klebe die beiden Enden eines langen Seils mit Alleskleber aneinander, so daß ein Seilring entsteht, und laß ihn gut trocknen. Dann knüpfst du wie abgebildet gegenüber der Nahtstelle eine Schlinge. Schiebe das kleine Seilstück durch die Schlinge, so daß es wie ein "Knoten" wirkt. Zieh das Seil straff und damit den Knoten fest.

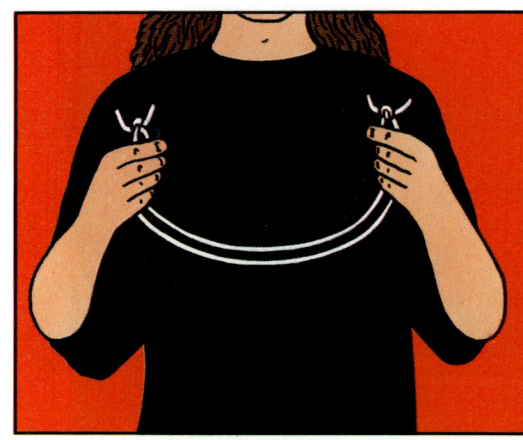

3 Halte den richtigen Seilknoten in der rechten, den vorgetäuschten Knoten in der linken Hand. Bitte einen Zuschauer, "rechts" oder "links" zu rufen.

Was du brauchst

eine dickere Schnur oder
ein Seil (1,40 m lang)
Alleskleber
ein kleines Stück dickere
Schnur oder Seil
(10 cm lang)
eine Schere

4 Bei "links" sagst du: "Ich werde jetzt den linken Knoten lösen." Bei "rechts" sagst du: "Ich werde jetzt den rechten Knoten lösen." Tatsächlich aber bindest du in jedem Fall zuerst den echten Knoten auf. Nimm den vorgetäuschten Knoten in die Hand und schneide die Enden des kleinen, eingefügten Seils neben der Schlinge ab.

5 Halte das Seil so zwischen deinen Händen, daß der Knoten in der Mitte liegt. Sprich einen Zauberspruch und zieh das Seil ruckartig auseinander: Der Knoten fliegt davon, zurück bleibt ein vollkommen heiles Seil!

Die Houdini-Karte

Der große amerikanische Zauberer Harry Houdini lebte von 1874 bis 1926. Er war vor allem als Entfesselungskünstler bekannt, da kein Käfig, keine Fessel und keine Kette jemals stark genug waren, um ihn zu halten – er schaffte es, sich immer wieder zu befreien! Dieser Trick heißt "Die Houdini-Karte", weil die Karo Zehn verschwindet, obwohl sie fest zwischen zwei andere Karten geklemmt wird. Nur der Zauberer kennt das Geheimnis ihres Verschwindens.

Was du brauchst

zwei Karo-Zehn-Karten
eine Kreuz Zehn
eine Pik Zehn
eine Wäscheklammer
ein Tuch

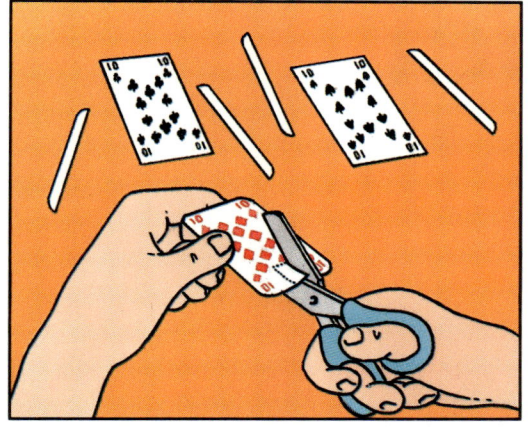

1 Vorbereitung: Verstecke eine Karo Zehn in der Tasche. Schneide je einen schmalen Streifen an den Längsseiten der Kreuz Zehn und der Pik Zehn ab. Schneide ein kleines Rechteck aus einer Schmalseite der zweiten Karo Zehn aus. Stecke die Karo Zehn mit der ausgeschnittenen Seite nach unten zwischen die Kreuz Zehn und die Pik Zehn.

2 Vorstellung: Nimm die Karten an der linken, unteren Kante zwischen Daumen und Zeigefinger der rechten Hand. Fächere die Karten vorsichtig auf, damit die Karo Zehn in der Mitte sichtbar wird.

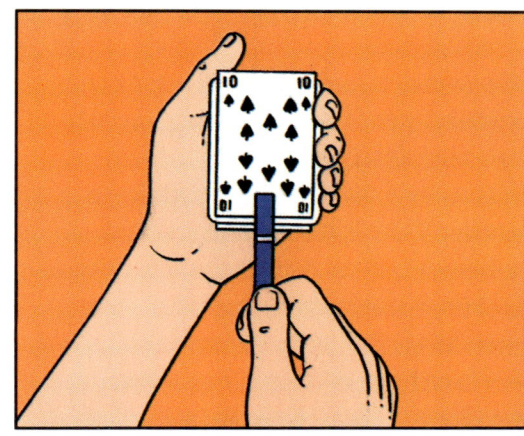

3 Bündle die Karten wieder und stecke die Wäscheklammer wie abgebildet an der Unterkante der Karten fest.

4 Bitte jemanden aus dem Publikum, die Wäscheklammer zu halten, und bedecke Karten und Klammer mit dem Tuch. Halte die Karten mit der rechten Hand durch das Tuch hindurch an den Seiten fest. Bitte deinen Helfer, Rot oder Schwarz zu wählen. Wählt er "Schwarz", hebst du das Tuch ab und ziehst gleichzeitig die ausgeschnittene, lose Karo Zehn zwischen den beiden festgeklemmten, schwarzen Spielkarten heraus.

5 Während sich der Zuschauer die beiden schwarzen Karten, die von der Wäscheklammer gehalten werden, anschaut, sagst du: "Hier sind deine schwarzen Karten!" Wählt der Zuschauer "Rot", machst du es wieder so wie in Schritt 4 beschrieben, nur diesmal sagst du dazu: "Deine rote Karte hat sich in meine Tasche geflüchtet" und holst die versteckte Karte hervor.

Zahlenzauber mit Würfeln

Dieser einfache Rechentrick erzielt große Wirkung, weil das Publikum glaubt, der Zauberer könne Gedanken lesen! Ein Zuschauer wird gebeten, die Augen auf den nicht sichtbaren Seiten der vier Würfel zusammenzuzählen und sich das Ergebnis zu merken. Der Zauberer konzentriert sich, und, ob du's glaubst oder nicht, er nennt die richtige Zahl!

1 Vorstellung: Bitte einen Zuschauer mit den vier Würfeln auf deinem Tisch ganz nach Belieben zu würfeln.

2 Wenn sich der Zuschauer davon überzeugt hat, daß es sich hier wirklich um ganz gewöhnliche Würfel handelt, bitte ihn, einen Turm aus den Würfeln zu bauen.

**Was
du brauchst**

vier Würfel
eine Klemmtafel
Papier und Stift

4 Nimm Klemmtafel, Papier und
Stift zur Hand und konzentriere
dich. Du wirst das Publikum
mehr als verblüffen, wenn du die richtige
Zahl aufschreibst.

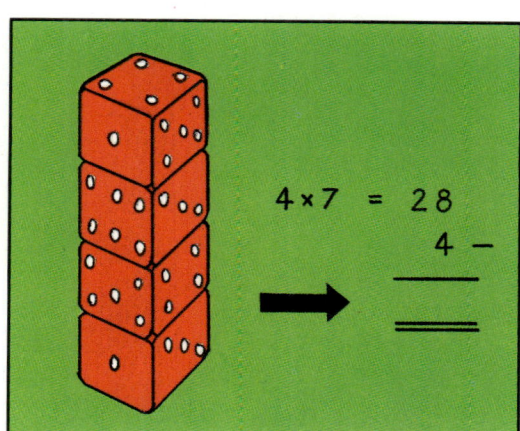

$$4 \times 7 = 28$$
$$4 -$$

5 Wie du das machst? Ganz
einfach: Die Augenzahl von zwei
gegenüberliegenden Seiten eines
Würfels ergibt zusammengezählt immer
sieben, das macht bei vier Würfeln
insgesamt 28 Augen. Du mußt dir nur
die Punktezahl auf dem obersten Würfel
merken, wenn du dich in Schritt 3
umdrehst, und sie von 28 abziehen –
schon hast du das richtige Ergebnis.

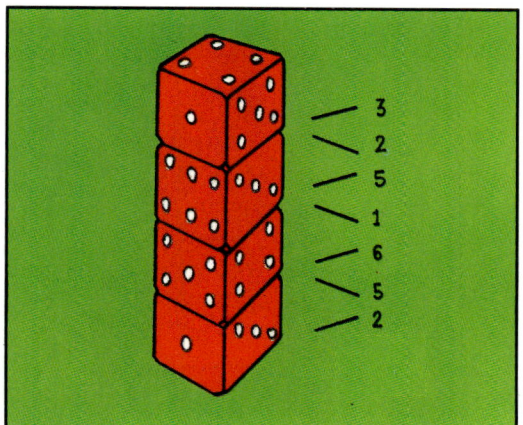

3 Dreh dich um und fordere den
Zuschauer auf, die unsichtbaren
Würfelaugen zusammenzuzählen,
also die Punkte auf den verdeckten
Unter- und Oberseiten der Würfel.
Insgesamt sind sieben Zahlen zu
addieren.

Ein Ball tanzt auf dem Seil

Dieses Kunststück setzt Geduld und Übung voraus, aber die Mühe lohnt sich, wenn man den späteren Lohn – die ungläubigen Blicke der Zuschauer – bedenkt. Für sie sieht es nämlich so aus, als ob der Ball auf dem Seil balancieren würde. Der Zauberer aber läßt ihn in Wirklichkeit auf einer "Schiene" laufen, da er einen zusätzlichen, dünnen Faden an das Seil geknotet hat.

Was du brauchst

ein dickes Seil, 1 m lang
dünnen, festen Zwirn oder Nylon-Drachenschnur, 60 cm lang
einen leichten Kunststoffball (z. B. einen Tischtennisball)
ein Weinglas

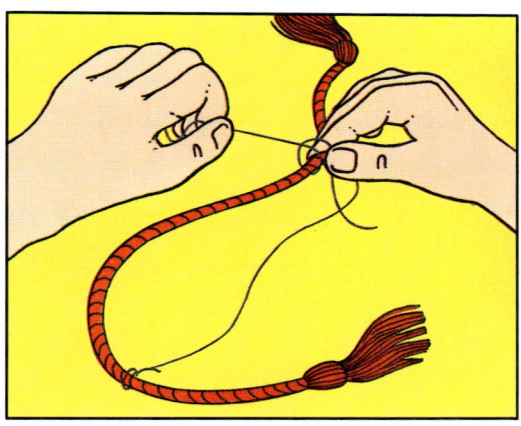

1 Vorbereitung: Knote beide Enden des dünnen Fadens wie abgebildet an das dicke Seil.

3 Vorstellung: Setze den Ball auf den umgedrehten Fuß eines Weinglases. Nimm das Seil in die Hände, wie du es in Schritt 2 gelernt hast, und führe es über den Ball. Für die Zuschauer liegt das Seil nun vor dem Ball, der Faden aber unsichtbar dahinter. Senke deine Arme, bis das Seil und der Faden genau an der Unterseite des Balls angekommen sind.

4 Zieh das Seil und den Faden straff und befördere so den Ball vorsichtig auf die Schiene. Hebe die Arme ein wenig und entferne dich vom Glas. Senke das Seil erst ein wenig nach der einen, dann nach der anderen Seite, so daß der Ball auf dem Seil hin und her balanciert.

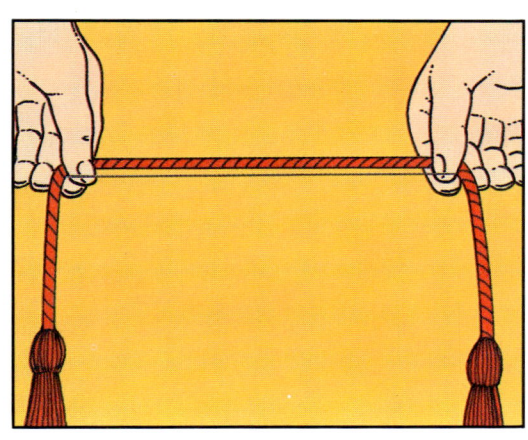

2 Nimm das Seil in beide Hände und stecke deine Daumen zwischen das Seil und den Faden. Zieh das Seil straff, so daß Seil und Faden eine Schiene formen. Hab etwas Geduld und übe diesen Handgriff einige Male vor dem Spiegel, bevor du diesen Trick vorführst!

Nenne mir deine Karte!

Ein schlauer Kopf muß diesen Trick erfunden haben, bei dem der Zauberer seine Zuschauer dadurch in Erstaunen versetzt, daß er Gedanken lesen kann. In Wirklichkeit macht er die Spielkarte, die ein Freiwilliger gewählt hat, mit Hilfe von zwei präparierten Karten und einer besonders geschickten Handbewegung ausfindig.

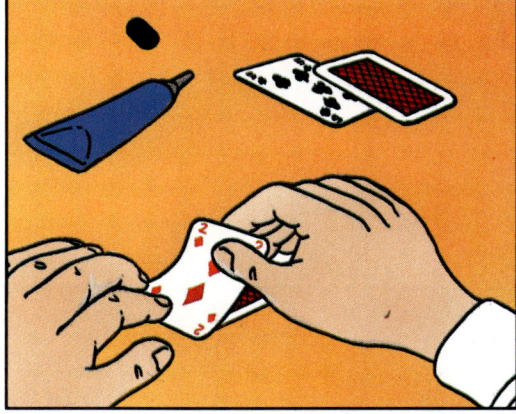

1 Vorbereitung: Klebe zwei Karten, z. B. die Karo Zwei und die Kreuz Acht, Rücken an Rücken zusammen – so entsteht eine "Doppelbildkarte". Nun klebst du die beiden anderen Karten an den Bildseiten zusammen, dies ergibt eine "Doppelrückenkarte".

2 Halte die Karten zwischen dem Daumen und den restlichen Fingern der rechten Hand. Dabei sollte die "Doppelrückenkarte" wie abgebildet oben sein und die Kreuz Acht darunterliegen. Jetzt mußt du eine Scherenbewegung machen: Dreh deine Hand um, um die andere Seite der Karten zu zeigen. Dabei drückst du gleichzeitig deinen Daumen nach links und den Zeigefinger nach rechts. Auf diese Weise wird die "Doppelbildkarte" verschoben und die Karo Zwei sichtbar. Mach diese Bewegung rückgängig, wenn du die Hand wieder umdrehst.

3 Vorstellung: Zeige dem Publikum mit der Scherenbewegung aus Schritt 2 die Karten und wirf sie dann in den Zylinder. Bitte einen Zuschauer, fest an eine dieser Karten zu denken. Erkläre, daß du dich nun konzentrieren mußt, um seine Gedanken zu lesen.

4 Greife in den Zylinder und hole die "Doppelrückenkarte" heraus. Dabei wirfst du gleichzeitig einen verstohlenen Blick in den Hut und merkst dir, welche Seite der "Doppelbildkarte" oben liegt. Sage: "Diese hier ist es nicht!" und laß die Karte in deiner Tasche verschwinden. Bitte dann den Freiwilligen zu sagen, an welche Karte er gedacht hat.

5 Nennt er die obenliegende Seite der Doppelbildkarte, drehst du den Zylinder einfach dem Publikum zu und zeigst so deine hellseherischen Fähigkeiten. Nennt er jedoch die untere Seite der Doppelkarte, greifst du in den Zylinder, holst die Karte langsam heraus – und zeigst die genannte Seite dem Publikum.

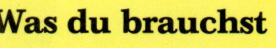

Was du brauchst

vier Spielkarten
Alleskleber
einen Zylinder (siehe Seite 88)

Ein Taschentuch wird lebendig

Die geschmeidigen, schlangenförmigen Bewegungen dieses zum Leben erweckten Taschentuches begeistern einfach jeden! Mit Hilfe eines möglichst unsichtbar angebrachten, dünnen Fadens kann sich das Tuch selbst aus seinem Knoten befreien.

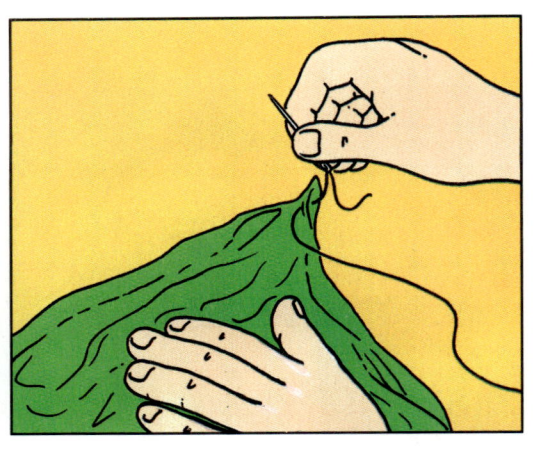

1 Vorbereitung: Schneide einen Faden ab, der dir bis an den Bauch reicht, wenn du dich auf das untere Ende stellst. Nähe ein Ende des Fadens an einer Ecke des Taschentuchs fest und befestige das andere Fadenende an deinem rechten Schuh.

2 Vorstellung: Halte das Tuch in beiden Händen, das Ende mit dem festgenähten Faden hast du dabei in der rechten Hand. Rolle das Tuch wie abgebildet auf, indem du es gleichmäßig um die eigene Achse drehst.

3 Forme das Tuch zu einer Schlinge (siehe Abb. A). Zieh das Tuchende mit dem Faden durch die Schlinge (siehe Abb. B).

A   B

Was du brauchst

ein Taschentuch aus Seide
einen starken, dünnen Faden
eine Nadel

A   B

4 Zieh den Knoten etwas zusammen (siehe Abb. A). Du hältst nun das Tuchende ohne Faden in der Hand und ziehst das Tuch nach oben (siehe Abb. B).

5 Wenn der Faden gespannt wird, schlängelt sich das Taschentuch nach oben, schlüpft durch den Knoten und entknotet sich von ganz allein.

Kartentrick für Hellseher

Hier wird gezeigt, wie der Zauberkünstler einen Freiwilligen aus dem Publikum dazu bringen kann, genau die Karte auszuwählen, die er dafür vorgesehen hat. Das Geheimnis verbirgt sich in der Anordnung der Karten!

1 Vorbereitung: Nimm irgendeine Karte und lege sie mit der Bildseite nach oben unter den Kartenstapel, dessen Rückseite nach oben zeigt. Lege die Karte, die sich der Zuschauer aussuchen soll, zum Beispiel die Pik Neun, wie abgebildet mit der Bildseite nach oben unter die umgedrehte Karte.

2 Vorstellung: Halte das Spiel mit der Rückseite nach oben in der linken Hand. Gib acht, daß niemand die beiden umgedrehten Karten zu sehen bekommt, die ganz unten im Stapel liegen.

Was du brauchst

ein Kartenspiel
ein großes Taschentuch

3 Erkläre den Zuschauern, daß du nun einen Freiwilligen bitten wirst, den Stapel zu teilen sowie die oberste Karte des restlichen Stapels in deiner linken Hand aufzudecken. Weise darauf hin, daß du ein Taschentuch über den Stapel legen wirst und somit nicht sehen kannst, wo der Zuschauer den Stapel teilt.

4 Bitte nun einen Zuschauer, den Stapel durch das Tuch zu ertasten und zu teilen. Wenn er dann das Tuch mit den abgehobenen Karten entfernt, drehst du heimlich den restlichen Stapel in der Hand so um, daß die Pik Neun ganz oben liegt.

5 Strecke dem Zuschauer die Karten entgegen, bitte ihn, die oberste Karte aufzudecken, und sage ihm dabei, daß es die Pik Neun sein wird. Er deckt die Karte auf – und es ist natürlich die Pik Neun!

Die Zauberschere

Ein toller Kartentrick, der nach dem gleichen Schema wie der Trick auf den vorangegangenen Seiten funktioniert. Der Zauberkünstler versetzt seine Zuschauer in Erstaunen, indem er Scherenschnitte der Spielkarten anfertigt, die sie erst wählen werden.

1 Vorbereitung: Nimm ein Kartenspiel und lege irgendeine Karte daraus mit der Bildseite nach oben unter den Stapel, dessen Rückseite nach oben zeigt. Lege drei Karten, die Herz Acht, die Pik Acht und die Karo Vier nacheinander mit der Bildseite nach oben unter die erste umgedrehte Karte des Stapels. Merke dir die Reihenfolge dieser Karten. Vorstellung: Laß wie in Schritt 2-5 vom "Kartentrick für Hellseher" drei Zuschauer je eine Karte ziehen und bitte sie, dir nicht zu sagen, welche Karten sie in der Hand halten.

2 Falte das Blatt Papier wie abgebildet genau viermal in der Mitte zusammen: Erkläre dem Publikum, daß du nun mit Hilfe deiner Zauberschere herausfinden wirst, welche drei Karten gezogen wurden.

3 Bitte den Freiwilligen, der seine Karte als erster gezogen hat (die Herz Acht), sich auf seine Karte zu konzentrieren, und schneide an der letzten Falte entlang vorsichtig eine halbe Herzform aus. Frage den Zuschauer, welche Karte er gezogen hat, und entfalte dein Blatt — darauf sind acht ausgeschnittene Herzen zu sehen!

4 Falte das Papier wieder zusammen und bitte den zweiten Zuschauer, fest an seine gezogene Karte zu denken. Schneide zusätzlich die kleine Form, die oben abgebildet ist, heraus. Fordere deinen Freiwilligen auf, seine Karte preiszugeben, und falte das Blatt Papier auseinander - es zeigt nun die Pik Acht.

5 Jetzt kommt der dritte Zuschauer an die Reihe. Falte das Papier wieder zusammen und bitte auch diesen Helfer, sich auf seine Karte zu konzentrieren. Schneide das zusätzliche Stück wie oben abgebildet aus der Papierfalte heraus und bitte um die Bezeichnung der Karte. Wenn er nun antwortet: "Karo Vier", zögere einen Moment, damit alle denken, daß du eine weitere Acht ausgeschnitten hast. Das stimmt natürlich nicht! Das Blatt Papier zeigt genau vier Karos!

Was du brauchst

ein Kartenspiel
ein Taschentuch
ein Blatt Papier
eine Schere

Die wandernde Garnrolle

Dieses Meisterstück trotzt – sehr zum Entzücken der Zuschauer – allen Regeln der Schwerkraft. Der Zauberer kennt natürlich das Geheimnis der wandernden Garnrolle, aber das Publikum errät gewiß nicht, wie die weiße Garnrolle auf den beiden roten gelandet sein könnte. Für dieses Kunststück brauchst du eine Zauberröhre und vier Garnrollen.

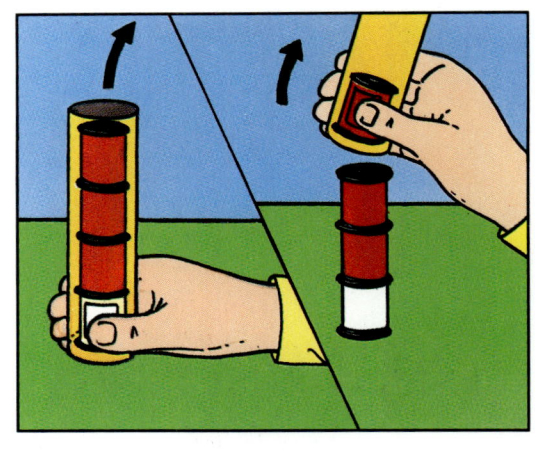

2 Stülpe die Röhre über die Garnrollen. Halte sie so, daß der Daumen der rechten Hand das Loch hinten bedeckt. Hebe die Röhre an und zieh sie nach oben, bis der untere Röhrenteil bei der obersten Garnrolle angekommen ist. Preß deinen Daumen in das Loch und klemm diese Garnrolle in der Röhre fest. Stelle die Röhre neben den drei anderen Garnrollen ab.

1 Vorbereitung: Schneide die Papprolle am oberen Ende so ab, daß sie nur ein wenig höher ist als die vier aufeinandergestapelten Garnrollen. Beklebe sie mit der Kunststoffolie und schneide wie abgebildet ein Quadrat von 2 cm Seitenlänge in die Rückseite der Zauberröhre. Übe nun die Geheimbewegung.

Was du brauchst

eine leere Küchenpapierrolle
3 Rollen rotes Nähgarn
1 Rolle weißes Nähgarn
eine Schere
selbstklebende Kunststoffolie

SICHER IST SICHER: *Bitte einen Erwachsenen, dir dabei zu helfen, das Loch in die Pappröhre zu schneiden!*

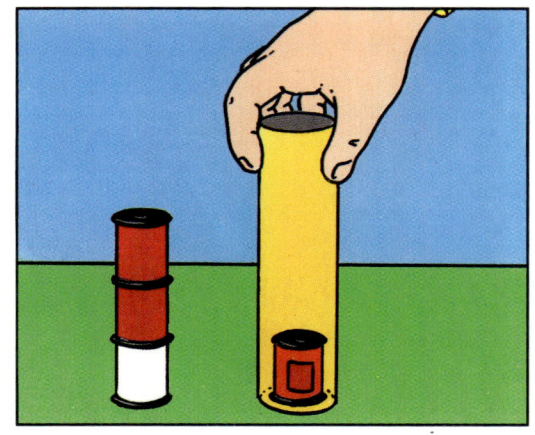

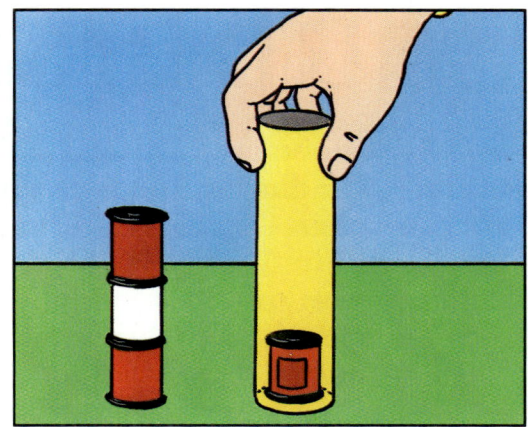

3 Stelle die drei roten Garnrollen auf die weiße und stülpe die Röhre so darüber, daß das Loch zu dir zeigt. Hebe die Röhre hoch und klemm die oberste Garnrolle in der Röhre fest. Stelle dann die Röhre mit der versteckten Rolle auf den Tisch. Vorstellung: Erkläre dem Publikum, daß die weiße Garnrolle den Aufzug darstellt und die roten Garnrollen der erste und der zweite Stock sind. Du wirst nun den Aufzug in den ersten Stock fahren lassen. Laß die weiße Garnrolle von oben (auf die rote Garnrolle) in die Röhre fallen. Danach steckst du auch die beiden anderen Rollen in die Röhre.

4 Hebe die Röhre langsam hoch, dabei klemmst du wieder die oberste Garnrolle fest. Stelle dann die Röhre mit der versteckten Rolle auf den Tisch - die weiße Garnrolle ist jetzt im ersten Stock angekommen!

5 Verkünde nun, daß der Aufzug in den zweiten Stock fahren wird. Hole die untere rote Rolle aus dem Turm hervor und laß sie - auf die geheime rote Garnrolle - in die Röhre plumpsen. Dann fügst du die weiße und als letztes die rote Rolle hinzu. Abrakadabra! Du hebst die Röhre an und behältst wiederum die oberste Rolle zurück. Die weiße Garnrolle hat den zweiten Stock erreicht!

Der geheime Zaubersack

Auf der nächsten Doppelseite wird ein Kunststück erklärt, für das du den hier abgebildeten Zaubersack mit dem Geheimfach brauchst. Es findet sich bestimmt ein Erwachsener, der mithilft, den Stoff auszumessen und zuzuschneiden. Der Sack sieht sehr stabil aus, aber der Schein trügt: die untere Naht ist heimlich mit einem leicht zu öffnenden Klettband versehen.

Was du brauchst

3 m Stoff, 1,50 m breit
1,50 m selbstklebendes
    Klettband
eine Schere
Nadel und Faden

1 Teile die Stofflänge von 3 Metern in drei Teile von je 1 Meter Länge ein. Schlage ein Teilstück wie abgebildet ein und befestige es mit dem Klettband am Stoff.

3 Nähe das eine Fach am unteren Ende des Sackes zu und verschließe das andere Fach unten mit Klettband.

4 Der Sack sieht sehr stabil aus, und die Zuschauer werden denken, daß er an allen Seiten fest zusammengenäht ist. Auf den nächsten Seiten erfährst du, wie du den Zaubersack effektvoll nutzen kannst.

2 Drehe den Stoff um, schlage wieder einen Meter ein und befestige ihn mit Klettband. Der Sack hat jetzt zwei Seitennähte aus Klettband und zwei Fächer, die unten noch offen sind.

SICHER IST SICHER: *Achte darauf, daß der Stoff luftdurchlässig ist, und bitte einen Erwachsenen, dir beim Zuschneiden und Nähen zu helfen!*

Rätselhafte Flucht

Ein sensationeller Trick, der einen gelungenen Schluß für jede Zaubervorstellung darstellt! Der Zauberer ist diesmal jedoch auf Hilfe angewiesen: Er braucht einen Assistenten, den er in den Trick einweiht, und Musik. Dieses Kunststück muß vor der Vorstellung zu zweit eingeübt werden!

1 Der Sack entsteht nach der Anleitung auf den Seiten 80/81. Vorstellung: Laß die Musik leise im Hintergrund laufen. Stülpe das Innere des Sackes nach außen, fahre mit den Händen in das zusammengenähte Fach und zeige den Zuschauern, daß die untere Kante fest verschlossen ist. Das Publikum darf dabei nicht bemerken, daß der Sack zwei Fächer hat!

SICHER IST SICHER: *Du darfst auf keinen Fall einen Plastiksack verwenden! Der Sack muß luftdurchlässig sein, damit dein Assistent während der Vorführung gut atmen kann.*

2 Wende den Sack, so daß die rechte Seite wieder außen ist. Stell den Zuschauern deine Assistentin als Entfesselungskünstlerin vor und bitte sie, in den Sack hineinzusteigen. (Natürlich steigt sie in das Fach, das unten nur mit Klettverschluß verschlossen ist.) Bitte einen Zuschauer, den Sack am oberen Ende mit einem Seil fest zu verschnüren, während du ihn zusammenhältst.

4 Die Zuschauer werden überaus erstaunt sein, wenn sie entdecken, daß deine Partnerin sich befreien konnte. Zeige ihnen den verschlossenen Sack und mach sie darauf aufmerksam, daß der Knoten am oberen Sackende vollkommen unberührt geblieben ist.

Was du brauchst

einen Zaubersack
(siehe Seite 80)
Musik
2 m Schnur

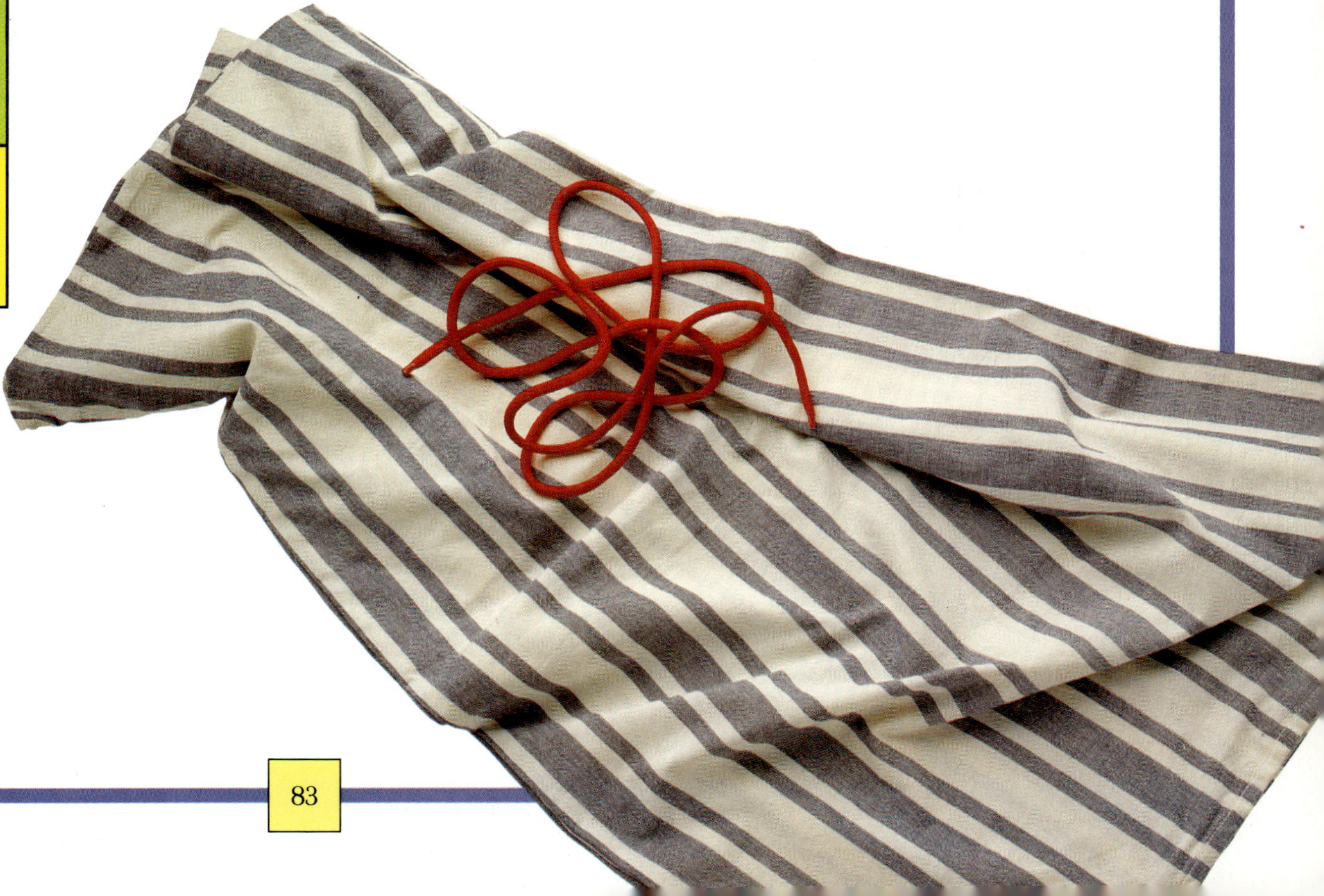

3 Mach die Musik lauter und stell eine spanische Wand vor dem Zaubersack auf, oder bitte das Publikum, den Raum mit dir zu verlassen. Deine Partnerin wird aus dem Sack herauskriechen, sobald sie unbeobachtet ist; sie braucht nur ihre Füße durch den Sackboden zu stoßen, und schon löst sich das Klettband. Die Musik übertönt das Geräusch des aufreißenden Klettbandes! Deine Assistentin weiß, daß sie den Sack wieder richtig zumachen muß, wenn sie sich "befreit" hat.

Der Kartontrick

Ein überaus spannender Trick, der von professionellen Zauberkünstlern häufig auf der Bühne oder im Fernsehen gezeigt wird. Die Zuschauer bekommen einen scheinbar vollkommen leeren Karton gezeigt. Unfaßbar, wie dann auf einen Wink des Zauberers ein Zaubergehilfe aus der Tiefe des Kartons auftaucht.

1 Vorbereitung: Schneide jeweils Boden und Deckel sowie ein Seitenteil der beiden Kartons ab. So entstehen wie abgebildet zwei spanische Wände mit jeweils drei Seiten.

2 Rücke die beiden Teile so zusammen, daß sich ein vollständiger Karton ergibt, in dem sich dein Partner verstecken kann. Achte auf die Anordnung der Seite, die mit dem X gekennzeichnet ist.

SICHER IST SICHER: *Bitte einen Erwachsenen, dir bei der Arbeit mit der scharfen Schere oder dem Tapetenmesser zu helfen!*

Was du brauchst

2 große Pappkartons
(z.B. von Kühl-
schrank oder
Waschmaschine)
einen Zauberstab
(siehe Seite 90)
eine Schere oder
ein Tapetenmesser

4 Zieh nun die zweite Kartonwand, hinter der sich dein Assistent vorher versteckt hatte, heraus und zeige sie ebenfalls herum. Stell diese Kartonwand wie abgebildet auf, so daß sich wieder eine geschlossene Kasten-form ergibt.

5 Schwenke deinen Zauberstab und klatsche in die Hände – schon kommt dein Assistent aus dem Karton zum Vorschein!

3 Vorstellung: Öffne die Seite X ein wenig zum Publikum hin. Zieh die rückwärtige Kartonwand heraus und zeige sie den Zuschauern. Stell sie zu deiner Linken neben dem anderen Karton ab, so daß die Seite X ein bißchen darüber hinausragt. Unter-dessen kriecht dein Partner heimlich unter die andere Kartonwand, die jetzt vorne ist.

Die schwebende Jungfrau

Zu den aufregendsten Kunststücken eines Zauberers gehört es, einen Menschen in der Luft schweben zu lassen. "Schweben" heißt, sich in die Luft zu erheben und sich dort ohne fremde Hilfe halten zu können. Mit etwas Geschick und Übung kann jeder diesen Trick vorführen, wenn er auf die Mitwirkung einer verschwiegenen Assistentin zählen kann!

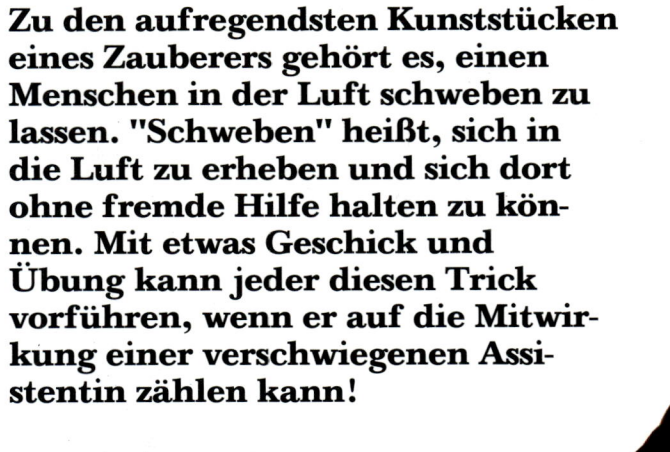

1 Vorstellung: Wende dich den Zuschauern zu und bitte deine Assistentin, sich vor dich mit dem Rücken auf den Fußboden zu legen.

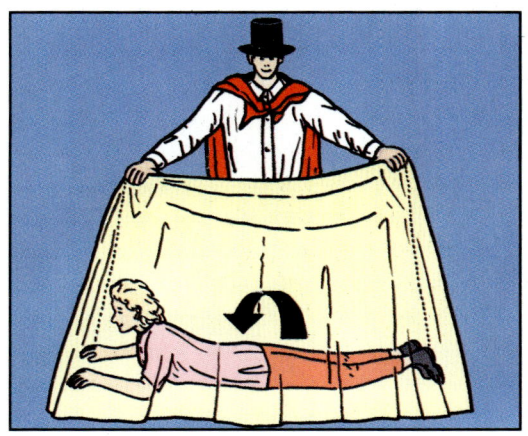

2 Decke das Laken über deine Assistentin. Dabei hältst du das Laken einen Moment lang so vor ihr in die Höhe, daß sie nicht gesehen werden kann. Sie dreht sich in diesem Moment unbemerkt auf den Bauch.

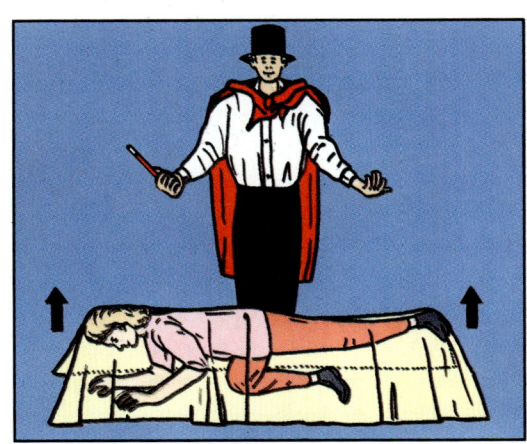

3 Schwenke deinen Zauberstab und sprich eine Zauberformel. Das ist das Zeichen für deine Partnerin, sich langsam zu erheben. Sie hält ein Bein gerade nach hinten gestreckt und drückt sich mit den Händen und dem zweiten Bein nach oben.

Was du brauchst

ein Bettlaken oder eine leichte Decke
einen Zauberstab (siehe Seite 90)

4 Sie steigt allmählich immer höher, bis sie über dem Boden zu schweben scheint. Sprich einen zweiten Zauberspruch und gib ihr damit das Zeichen, daß sie sich langsam wieder senken darf.

Der Zylinder des Zauberers

Jeder Zauberer, der etwas auf sich hält, trägt bei seiner Vorstellung einen Zylinder. Da es nicht immer ganz billig ist, sich einen Zylinder zu kaufen, sollte man versuchen, aus schwarzem Fotokarton selbst einen zu basteln. Als Verzierung eignen sich glitzernde Sternchensticker.

1 Schneide aus dem Fotokarton einen Streifen aus, der etwa 21 cm breit ist und so lang, daß er um deinen Kopf herumpaßt.

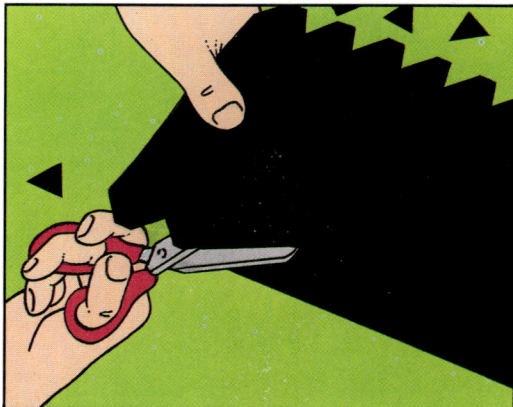

2 Schneide wie abgebildet an beiden Längsseiten des Streifens gleichmäßig kleine Dreiecke heraus, so entstehen Laschen zur Befestigung von Krempe und Deckel. Forme einen Zylinder und klebe die Seiten innen mit Klebeband zusammen.

3 Miß den Durchmesser des Zylinders mit dem Lineal aus. Halbiere das Ergebnis und zeichne mit dem Zirkel einen Kreis von diesem Radius auf den restlichen Fotokarton.

Was du brauchst

schwarzen Fotokarton
ein Lineal
einen weißen Farbstift
eine Schere
Klebeband
einen Zirkel
Alleskleber
glitzernde Sternchensticker

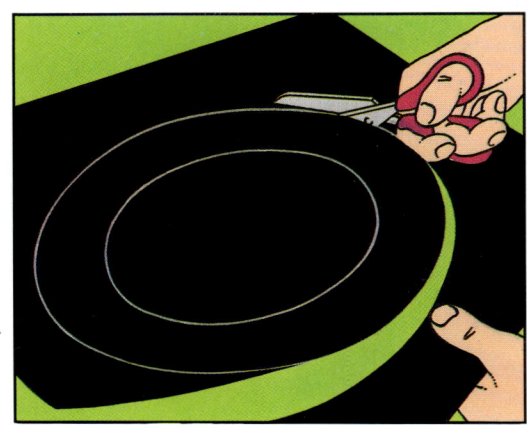

4 Laß die Spitze des Zirkels auf dem Mittelpunkt stecken und ziehe einen zweiten Kreis, 5 cm größer als der erste. Schneide beide Kreise sorgfältig aus. Das ist deine Hutkrempe. Wiederhole die Schritte 3 und 4 für eine zweite Kartonkrempe.

5 Schneide aus dem Karton noch einen Kreis zurecht, der genau auf die obere Öffnung des Zylinders paßt. Biege die Laschen an der Oberseite des Zylinders nach innen und bestreiche sie mit Klebstoff. Drück den Deckel darauf, laß ihn trocknen und schneide überstehende Ränder ab.

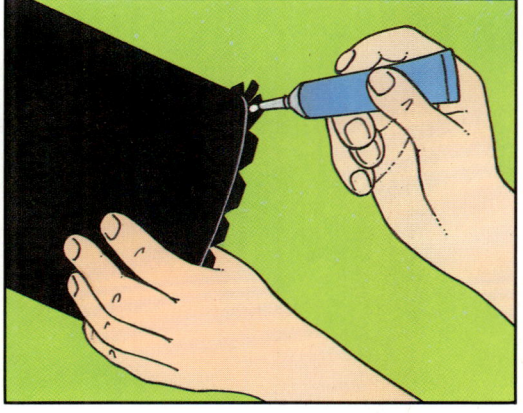

6 Biege die Laschen an der Unterseite des Zylinders nach oben und träufle Klebstoff auf die Oberseite der Laschen. Stülpe eine Krempe über den Zylinder und klebe sie an den Laschen fest. Klebe den zweiten Kartonring von unten an die Krempe, um die Laschen zu verdecken. Jetzt kannst du den Zylinder mit Stickern verzieren.

Der Zauberstab

Der Zauberstab darf in der Ausrüstung eines Zauberers auf keinen Fall fehlen. Zur Herstellung braucht man nur etwas Zeitungspapier sowie Plakafarben oder Buntpapier – es ist wirklich ganz einfach!

1 Nimm einen Bogen Zeitungspapier und rolle ihn so wie oben abgebildet möglichst dicht auf. Achte darauf, daß du möglichst gleichmäßig rollst und die Kanten auf einer Höhe bleiben.

Was du brauchst

Zeitungspapier
Alleskleber
eine Schere
weiße Plakafarbe und Pinsel
evtl. goldenes Buntpapier

2 Bestreiche die Längskante des Papiers mit Klebstoff und drücke mit den Fingern so lange auf die Klebenaht, bis der Klebstoff gut angetrocknet ist und von allein alles zusammenhält.

3 Schneide die Rolle oben und unten sauber ab und bemale die beiden Enden des Stabes mit weißer Plakafarbe. Gut trocknen lassen.

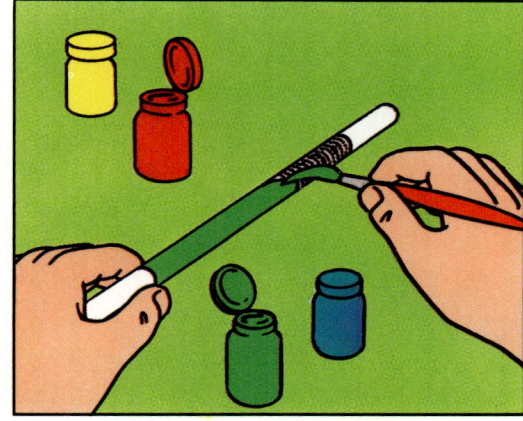

4 Bemale das Mittelstück in deiner Lieblingsfarbe und laß den Zauberstab gut trocknen. Wenn du willst, kannst du das Mittelstück auch mit goldenem Buntpapier bekleben.

Der Zauber-mantel

Es macht einfach mehr Spaß, eine Zaubervor-stellung zu geben, wenn man auch "magisch" gekleidet ist. Dieser prächtige Umhang in Rot und Schwarz ist ein wirklich eindrucks-volles Gewand für einen großen Meister.

1 Schneide je ein Quadrat von 120 cm Seitenlänge aus rotem und schwarzem Satin zu. Hefte die beiden Quadrate – rechte Seiten nach innen – mit Stecknadeln zusammen. Nähe alle vier Seiten des Umhangs im Stielstich zusammen, aber laß an einer Seite die Naht etwas offen, damit du den Stoff wenden kannst. Dreh die Innenseite nach außen und nähe die Lücke zu.

SICHER IST SICHER: *Beim Zuschneiden des Stoffes sollte dir ein Erwachsener helfen!*

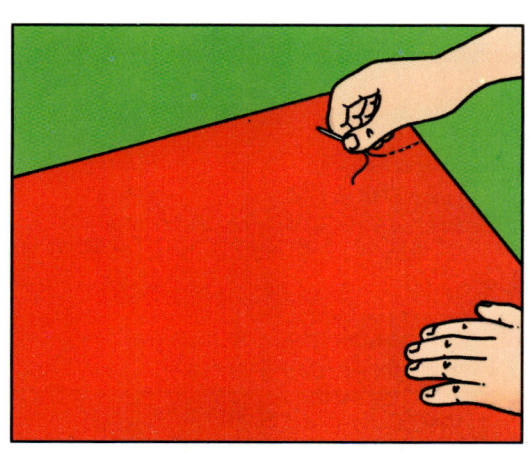

2 Nähe im Stielstich an einer Seite eine gerade Naht, 9 cm von der Kante entfernt.

3 Nähe eine weitere Stielstichreihe 2,5 cm unter der ersten entlang, damit ein Tunnel entsteht. Trenne an den beiden Außenseiten des Umhangs vorsichtig ein paar Stiche an den Tunnelenden auf, damit du ein Band einziehen kannst.

4 Befestige die Sicherheitsnadel an einem Bandende und stecke sie tief in den Tunnel. Schiebe die Sicherheitsnadel - und somit auch das Band - durch Zurückstreifen des Stoffes von einem Tunnelende zum anderen durch.

Was du brauchst

roten Satin (130 cm lang, 150 cm breit)
schwarzen Satin (130 cm lang, 150 cm breit)
eine Schere und Stecknadeln
Nadel und schwarzen Faden
130 cm rotes Band (2 cm breit)
eine Sicherheitsnadel

Der Zauberhut

Ein Zauberer muß durchaus nicht immer einen Zylinder tragen. Eine willkommene Abwechslung bietet dieser Spitzhut, der in den Farben auf den Zaubermantel von Seite 92 abgestimmt ist. Du kannst dir natürlich die Farbe für den Hut und die Verzierungen auch selber ausdenken.

Was du brauchst

farbigen Fotokarton
einen Bleistift und ein Lineal
eine Schere
eine Heftzwecke
Faden, Alleskleber
Buntpapier (gold- oder silberfarben)

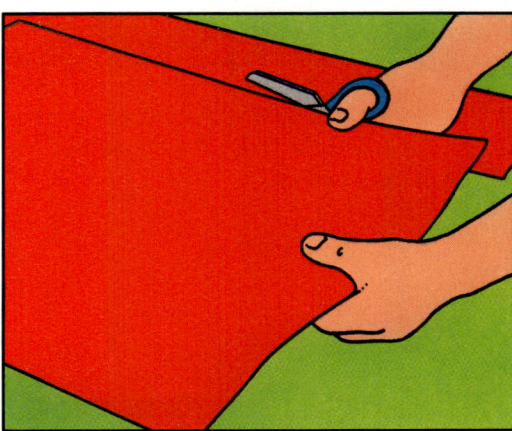

1 Schneide aus dem farbigen Fotokarton ein Rechteck in der Größe von 50 x 60 cm aus.

2 Markiere an einer Schmalseite den Mittelpunkt und ziehe wie abgebildet einen 50 cm langen geraden Strich nach unten.

94

3 Verknote ein Ende des Fadens an der Heftzwecke und befestige einen Bleistift in 50 cm Entfernung am anderen Fadenende. Steck die Heftzwecke am oberen Mittelpunkt der Kartonschmalseite fest und zieh wie abgebildet mit dem Bleistift und dem gespannten Faden einen Bogen von Längsseite zu Längsseite des Kartons.

5 Forme den Hut zu einem Kegel und klebe die Längsseiten mit Alleskleber aneinander fest. Schneide aus dem goldenen oder silbernen Buntpapier Sterne oder Halbmonde aus und klebe sie auf den Hut.

4 Nimm das Lineal, verbinde den Heftzwecken-Mittelpunkt und die Bogenenden mit jeweils einer Linie, und schneide diese Form aus.

Alle Tricks im Überblick